중국 현당대소설 큐레이션
남의 일 같지 않은 이야기들

김승원

새로운 세상의 숲
신세림출판사

| 프 | 롤 | 로 | 그 |

문학, 마음 공부만으로 충분하다는 착각

요즘 지하철에서 책 읽는 사람을 보기가 쉽지 않다. 대부분 스마트폰 화면에 시선을 고정하고 있는 가운데, 간혹 종이책을 펼쳐든 사람을 발견하면 괜히 반가운 마음이 든다. 얼마 전에도 그런 광경을 목격했는데, 그 사람의 독서 패턴이 유독 눈에 띄었다. 어떤 페이지에서는 한참을 머물다가, 어떤 페이지는 후루룩 넘어가기를 반복하더니, 결국 책을 덮고 멍하니 앞을 바라보며 무언가를 곰곰 생각하는 모습이었다. 그 순간 문득 궁금해졌다. 그 책 속 어떤 문장이 그를 멈춰 서게 했을까? 어떤 이야기가 그로 하여금 자신의 삶을 되돌아보게 만들었을까?

그런데 가만히 지켜보니 그 사람의 표정에서 단순한 감동과는 다른 무엇인가를 읽을 수 있었다. 눈썹이 살짝 찌푸려지기도 하고, 입술을 꾹 다물며 고개를 끄덕이기도 했다. 마치 책 속 세계와 자신이 살고 있는 현실 사이에서 어떤 연결고리를 찾아내려는 듯한 모습이었다. 아, 바로 저런 게 진정한 독서구나 싶었다.

이렇듯 진정한 문학적 감동은 개인적 감상을 넘어서 현실에 대한 새로운 인식에서 나온다. 소설은 허구적 상상으로 시작되지만, 그 상상은 결코 공허한 환상이 아니다. 소설은 작가가 살아온 현실, 목격한 시대적 변화, 체험한 사회적 갈등들이 축적되어 문학적 형상화의 재료가 된다. 바로 이런 맥락에서 중국 현당대소설(现当代小说)은 특별한 의미를 갖는다. 1세기가

넘는 격변의 세월 동안, 중국 작가들은 문학을 통해 시대의 모순과 갈등을 생생하게 기록해왔기 때문이다.

격변의 중국, 문학의 증언

중국 현당대소설은 문학의 시대 진단 기능을 가장 명확하게 보여주는 사례다. 1919년 5·4 운동 이후 중국 작가들은 급변하는 현실 앞에서 문학적 응답을 모색해야 했다. 군벌 시대의 혼란 속에서 루쉰(鲁迅)은 『아Q정전(阿Q正传)』을 통해 전통적 국민성의 한계를 비판적으로 성찰했고, 문화대혁명의 격동기에 바진(巴金)은 『집(家)』으로 봉건적 가부장제의 구조적 모순을 해부했다. 개혁개방 이후에는 모옌(莫言)이 『붉은 수수밭(红高粱)』에서 농민 공동체의 원시적 생명력과 근대화 과정의 충돌을 탐구했고, 위화(余华)는 『허삼관 매혈기(许三观卖血记)』에서 도시화가 가져온 인간소외 현상을 날카롭게 포착했다.

이처럼 100여 년간 중국 현당대소설은 단순한 문학적 오락을 넘어 시대 증언의 역할을 수행해왔다. 이들 작품을 통해 우리는 격변의 중국 근현대사를 문학적으로 체험할 수 있을 뿐만 아니라, 그 과정에서 중국인들이 겪은 정신적 갈등과 의식 변화의 궤적을 구체적으로 이해할 수 있게 된다.

동아시아적 근대성의 공명

중국 현당대소설을 읽다 보면 한국 사회의 현실과 놀라운 유사성을 발견하게 된다. 이는 우연한 일치가 아니라, 두 사회 모두 전통과 근대성 사이에서, 동양적 가치와 서구적 문명 사이에서, 집단주의와 개인주의 사이에서 유사한 고민을 경험해왔기 때문이다.

예를 들어, 루쉰이 『광인일기』에서 그려낸 '예교(礼教) 사회의 억압'은 한국의 유교적 위계질서와, 라오서가 『낙타상자(骆驼祥子)』에서 포착한 '도시 하층민의 절망'은 한국의 산업화 과정에서 소외된 계층의 현실과 구조적 유사성을 보인다. 또한 장아이링(张爱玲)의 여성 서사에 나타난 가부장제에 대한 저항 의식은 한국 여성문학의 문제의식을 나타낸다. 또한 모옌이 묘사한 농촌 공동체의 해체는 한국의 도시화 과정과 닮아있다.

바로 이런 맥락에서 중국 현당대소설은 한국 독자들에게 단순한 외국 문학 이상의 의미를 갖는다. 이들의 문학적 성취는 현재 한국 사회가 직면한 문제들을 보다 깊이 있게 이해할 수 있는 인문학적 자원이 된다.

학습 목표와 방법

본서는 이러한 문제의식에서 출발하여 방대한 중국 현당대소설을 네 가지 핵심 키워드로 체계화했다. 각 키워드별로 대표작을 선정하고, 작품이 창작된 시대적 맥락을 분석한 후, 한국 사회의 현실과 어떠한 연관성을 갖는지를 비교 검토했다.

주요 학습 목표는 다음과 같다. 첫째, 중국 현당대문학사의 주요 흐름과 핵심 작가들의 문학적 특징을 체계적으로 이해한다. 둘째, 문학 텍스트 분석을 통해 중국 사회의 근현대적 변화 과정을 문화사적 관점에서 파악한다. 셋째, 한중 양국의 사회문화적 경험을 비교 분석하여 동아시아적 근대성의 특수성과 보편성을 탐구한다. 넷째, 문학적 상상력과 현실 인식 능력을 결합하여 비판적이고 창의적인 인문학적 사고를 기른다.

효과적인 학습을 위해 다음과 같은 방법을 제안한다. 중국 작가들의 작품을 단순히 흥미로운 외국 소설로 접근하지 말고, 자신의 삶과 한국 사회의 현실을 성찰하는 분석적 도구로 활용해보자. 예를 들면 루쉰의 아Q에서 한국 사회의 특정 인물 유형을 연상해보고, 장아이링의 여성 서사에서 한국 사회의 젠더 갈등을 비교 검토해보며, 모옌의 농촌 변화상에서 한국 사회의 도시화 과정을 대조적으로 사유해보자.

학습에 필요한 기초 지식으로는 중국 근현대사에 대한 개괄적 이해와 한국 근현대문화사에 대한 기본적 소양이 도움이 될 것이다. 특히 5·4 운동, 문화대혁명, 개혁개방 등 중국 근현대사의 주요 사건들과 한국의 해방 이후 사회 변화에 대한 기본적 지식이 있으면 텍스트 이해가 더욱 풍부해질 것이다.

이러한 학습을 통해 문학은 더 이상 책 속에 갇힌 정적 지식이 아니라 우리 삶을 풍요롭게 만드는 역동적 자원이 될 것이다. 그동안 우리는 문학을 읽으며 감동받고 위로받는 것만으로도 충분하다고 여겨왔다. 하지만 문학은 마음공부로만 충분하다는 착각을 벗어던져야 한다. 진정한 문학 읽기는 개인적 정서를 넘어서 시대와 사회를 통찰하는 지적 모험이기 때문이다. 중국 현당대소설의 세계로 떠나는 이 학문적 탐구가 단순한 문학사 학습을 넘어서, 자신과 세계를 더 깊이 이해하는 인문학적 성장의 계기가 되길 바란다.

2025년 김승원

차 례

▥ 프롤로그: 문학, 마음 공부만으로 충분하다는 착각   /02

개념편

1. 소설이란   /13
2. 중국이 말하고 싶어하는 이야기   /21
3. 상상의 배경   /27

작품편

1. 루쉰(魯迅), 어둠을 응시하는 자   /35

  ▎루쉰의 뇌구조 살펴보기   /36

     1. 리얼리즘(Realism)의 개념과 특징   /36
     2. 루쉰 리얼리즘의 구체적 양상   /37
     3. 의학도에서 문학가로의 전향 배경   /39
     4. 귀국 후 문학 활동과 리얼리즘 실천   /42

  ▎루쉰: 『아Q정전(阿Q正传)』   /43

     1. 『아Q정전』: 주요 스토리   /43
     2. 『아Q정전』: 작품 분석   /47
     3. 『아Q정전』이 현대 한국사회에 던지는 메시지: 우리 삶속에 나타난 아Q 현상들   /53
     4. 비평적 조명: 아Q의 거울, 현대 한국인의 정신승리법   /59

중국 현당대소설 큐레이션 | 남의 일 같지 않은 이야기들

❙ 루쉰: 『광인일기(狂人日记)』 /62

    1. 『광인일기』: 주요 스토리 /62
    2. 『광인일기』: 작품 분석 /67
    3. 『광인일기』와 루쉰의 중간물 사상: 절망과 희망 사이의 세대 /74
    4. 『광인일기』가 현대 한국사회에 던지는 메시지: 우리 안의 '식인 문화' /76
    5. 비평적 조명: 젊은 세대의 각성과 새로운 '광인들'의 등장 /79

2. 억압과 저항의 여성들 /82

❙ 사회구성원에 대한 문제의식 제기 /82

    1. 5·4 운동과 『인형의 집』의 등장 /83
    2. 여성 문제의식 제기 배경: 사회 구성원으로서의 각성 /86

❙ 나가륜(罗家伦): 『애정인가 고통인가(是爱情还是苦痛)』, 빙신(冰心): 『가을바람 가을비가 애타게 하네(秋风秋雨愁煞人)』 /87

    1. 나가륜과 빙심 /87
    2. 『애정인가 고통인가』, 『가을바람 가을비가 애타게 하네』: 작품 분석 /92

❙ 루쉰이 말해준 양성평등의 기호 /96

    1. 해방의 허상과 『노라가 집을 나간 후(娜拉走后怎样)』 /96
    2. 중국의 성평등 딜레마: 혁명과 전통 사이의 미완성된 과제 /103
    3. 『노라가 집을 나간 후』가 현대 한국사회에 던지는 메시지:
       여성 해방의 핵심 기호는 무엇인가? /107
    4. 비평적 조명: 양성평등을 넘어 상호존중으로 /111

3. 근대적 개인의 탐구 /115

▮ 션충원(沈从文): 『변성(边城)』 /115

1. 『변성』: 작가 소개와 주요 스토리 /115
2. 『변성』: 작품 분석 /118
3. 『변성』이 현대 한국사회에 던지는 메시지: 속도 강박과 물질 만능주의 극복 방안 /124
4. 비평적 조명: 불확실성의 미학 -『변성』의 현대적 실용성 /132

▮ 위다푸(郁达夫): 『침륜(沉沦)』 /137

1. 『침륜』: 작가 소개와 주요 스토리 /137
2. 『침륜』: 작품 분석 /141
3. 『침륜』이 현대 한국사회에 던지는 메시지: 소외감의 현대적 의미 /146
4. 비평적 조명: 세기를 넘나드는 청년의 고민 -『침륜』과 현재 청년세대와의 대화 /152

▮ 라오서(老舍): 『낙타샹자(骆驼祥子)』 /157

1. 『낙타샹자』 작가 소개와 주요 스토리 /157
2. 『낙타샹자』: 작품 분석 /162
3. 『낙타샹자』가 현대 한국사회에 던지는 메시지: 노동과 꿈, 그리고 불평등 /169
4. 비평적 조명: 괜찮다, 우리는 상자보다 강하다 /174

중국 현당대소설 큐레이션 | 남의 일 같지 않은 이야기들

4. 새로운 시대, 새로운 문학 /178

▍1949년의 의미 /178

  1. 당대문학(当代文学)의 시작 /178
  2. 중국 당대문학을 만든 5대 사건: 격동의 역사 속에서 피어난 문학 /191

▍모옌(莫言):『붉은 수수밭(红高粱)』 /201

  1.『붉은 수수밭』: 작가 소개와 주요 스토리 /201
  2.『붉은 수수밭』: 작품 분석 /204
  3.『붉은 수수밭』이 현대 한국사회에 던지는 메시지: 전통문화는 철 지난 콘텐츠인가? /211
  4. 비평적 조명: 살아있는 전통과 죽은 전통 /215

▍위화(余华):『인생(活着)』 /219

  1.『인생』: 작가 소개와 주요 스토리 /219
  2.『인생』: 작품 분석 /222
  3.『인생』이 현대 한국사회에 던지는 메시지: 생존의 의미를 중심으로 /225
  4. 비평적 조명: 포기하지 않는 삶의 힘 - 푸구이가 우리에게 건네는 말 /228

▍류츠신(刘慈欣):『삼체(三体)』 /232

  1.『삼체』: 작가 소개와 주요 스토리 /232
  2.『삼체』: 작품 분석 /236
  3.『삼체』가 현대 한국사회에 던지는 메시지: 압축 근대화의 트라우마와 개인의 용기 /239
  4. 비평적 조명: 우리에게도 '면벽자'가 필요하다 /244

▦ 에필로그: 서재에서 거리로 /249

개념편

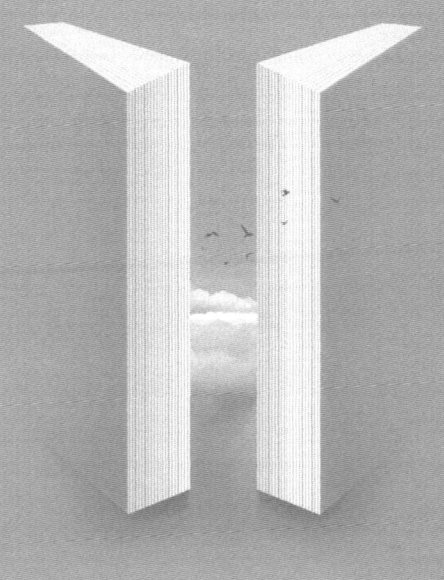

1. 소설이란

2. 중국이 말하고 싶어하는 이야기

3. 상상의 배경

1

소설이란

개념 정의와 특성

'소설(小说, Fiction)'은 본질적으로 허구적 서사(Historical Fiction)이며, 인물, 사건, 배경을 축으로 인간의 삶과 세계를 재현하고 해석하는 문학 형식이다. 소설은 현실을 모방하거나 변형하면서도 단순한 재현을 넘어서 인간 존재의 내면과 사회적 구조를 이야기의 형식으로 탐구한다. 이러한 점에서 소설은 단순한 '이야기'가 아니라, 특정한 서사 구조를 통해 세계를 이해하고 구성하는 인식의 방식이라 할 수 있다.

'소설'이라는 용어는 동아시아 전통에서 '작고 사소한 이야기'라는 뜻을 지녔으나, 근대 이후 서구적 의미의 리얼리즘 기반 서사가 도입되며, 개인의 경험, 심리, 현실의 갈등을 다층적으로 반영하는 현대적 개념으로 재구성되었다.

소설은 다음 세 가지 구성 요소를 중심으로 작동한다.

㉠ **인물(Character)**: 인간 존재를 형상화하는 중심적 매개로, 정체성,

욕망, 갈등 등을 드러낸다.
- ⓛ **사건(Plot)**: 인물의 선택과 행동, 외부 환경과의 상호작용을 통해 발생하는 이야기의 전개를 말한다.
- ⓒ **배경(Setting)**: 시간적·공간적 조건뿐 아니라 문화적·역사적 맥락을 포괄하는 구성요소이다.

이러한 요소들은 작가가 특정한 세계관과 인간 이해를 표현하는 수단이며, 소설은 인식적, 심리적, 사회적, 미학적 기능을 종합적으로 수행한다.

서구와 중국의 소설 개념:
이야기의 위상과 문학적 체계의 차이

'소설'이라는 용어는 동서양에서 동일한 언어적 형식을 공유하고 있지만, 그 개념적 기초와 문학 체계 내 위상은 근본적으로 상이하다. 서구에서 '소설'은 근대 시민사회의 출현과 함께 등장한 문학 양식으로, 개인의 경험, 사실성, 심리 묘사 등을 중심으로 구성되는 허구적 서사 장르이다. 반면, 중국에서의 '소설'은 오랫동안 정통 문예에서 주변부에 위치한 장르로 간주되었으며, 유가(儒家)의 가치 체계 안에서는 '사소하고 하찮은 이야기', 즉 잡담이나 민간 전승에 불과한 것으로 여겨져 왔다.

▶ **문학 체계 내 위계의 차이**
이러한 개념적 격차는 단지 문학적 취향의 차이에 그치지 않는다.

서구 문학 전통에서 소설은 18세기 계몽주의 이후 시(poetry), 연극(drama)과 함께 정전(canon)의 한 축으로 자리를 잡으며, 개인의 내면을 탐색하고 현실을 재현하는 리얼리즘적 장르로 발전했다. 이언 와트(Ian Watt)가 지적했듯이, 영국 근대 소설은 사적 경험과 사실적 묘사를 통해 전통적인 영웅서사와 구별되는 근대 주체성의 산물이었다.[1]

반면 중국에서 소설은 한대(汉代) 이래 문(文)과 시(诗)에 비해 하위 문류(文类)로 분류되며, 통속적 오락이나 윤리적 교화의 방편으로만 기능했다. 명청대(明淸代) 『삼국연의(三國演義)』, 『수호전(水滸傳)』, 『홍루몽(紅樓夢)』과 같은 장편 서사물이 등장하면서도, 이들은 다중적 시점과 군담체(群談体), 전기적 구조와 도교(道教)적 상상력을 결합한 독특한 형태를 보인다.[2] 여기서 중요하게 작동하는 기준은 이야기의 진위가 아니라 흥미성과 교훈성이며, 독자의 비판적 판단보다는 정서적 수용과 도덕적 확신을 중시하는 문화적 서사 전략이 지배적이었다.

▶ 근대적 전환과 실천적 서사의 탄생

근대 이후의 변화는 특히 주목할 만하다. 19세기 말 이후 서구 소설이 대거 번역되어 유입되면서, 중국 문학계는 서구의 소설 개념을 자국 문학 체계 내에 재배열하려는 시도를 시작한다. 루쉰(鲁迅)은 『중국소설사략(中國小說史略)』에서 전통 소설의 구조와 특징을 분석하면서도, 새로운 시대의 소설은 사상의 무기이자 사회 현실을 비판하고 개조하는 도구가 되어야 한다고 주장하였다.[3] 이는 기존 소설이 지녔던 통속적

---

1) 이언와트, 강유라 외 1인 옮김, 『소설의 발생』, 도서출판 강, 2009년 93-94쪽
2) 중국의 고전소설인 신마소설은 신선, 요괴 등 신괴(神怪) 제재와 신화·전설·도교적 상상력이 복합적으로 결합된 환상 서사의 전통을 계승한다라고 서술했다. 유수민, 『명대 소설, 봉신연의(封神演義)』에 표현된 신선·도교문화』, 『도교문화연구』 제55집, 2021년, 85-122쪽
3) 루쉰, 조관희 옮김, 『중국소설사』, 소명출판사, 2004년, 3-4쪽

기능을 넘어서, 근대 국민 형성과 계몽적 이념을 전달하는 매체로의 전환을 의미한다. 이와 같은 맥락에서 중국 현대소설은 서구 소설과는 달리, 정치적 실천성과 시대적 요구에 밀접히 연동되며 형성되었다. 서구 소설이 근대 주체의 등장과 함께 개인의 삶과 심리를 탐색하는 문학 형식으로 정립되었다면, 중국 현대소설은 민간 전승에서 출발하여 사회 변혁의 도구로 재탄생한 실천적 서사 양식으로 발전한 것이다.

이러한 차이는 단순한 문학 장르 비교를 넘어서, 각 문화권에서 '이야기'가 어떤 사회적 기능을 담당하고 어떻게 제도화되는가를 보여주는 중요한 사례이며, 현재 우리가 중국 현당대소설을 읽을 때 반드시 고려해야 할 문화적 맥락이기도 하다.

중국 현당대문학의 문학관 논쟁: 서구 개념과 중국적 맥락

▶ 서구 개념의 참조와 중국적 변용

중국 현당대문학을 이해하기 위해서는 서구의 '순문학(Pure literature)'과 '참여문학(Committed literature)' 개념을 참조할 수 있지만, 중국 문학사에서 실제 전개된 고유한 논쟁 구조를 함께 살펴보는 것이 중요하다. 서구에서 발전한 이 개념들이 중국적 맥락에서는 어떻게 변용되고 재해석되었는지 먼저 확인해보자.

▶ 순문학: 서구적 개념과 중국적 수용

'순문학'은 서구에서 문학을 자율적이고 미학적인 예술 행위로 간주하는 입장을 반영하는 개념이다. 중국에서는 이 개념이 1920년대 위예술론(为艺术论)과 위인생론(为人生论) 논쟁을 통해 본격 도입되었으며,[4] 작가의 언어 실험, 심미적 감각, 내면 표현, 서사 구조의 창조적 구성 등을 중심에 두는 태도로 발전했다.

대표적 특징:

㉠ 문학을 자율적이고 미학적인 예술 행위로 간주.
㉡ 정치·사회적 목적에서 자유로운 창작.
㉢ 인간의 내면, 감정, 상상력에 대한 탐색.
㉣ 언어와 형식의 실험, 미학적 완성도를 중시.

▶ **참여문학: 중국적 전통과의 결합**

'참여문학'은 서구에서 문학이 사회, 역사, 정치적 현실에 대해 응답해야 한다는 입장을 반영하는 개념이지만, 중국에서는 '문이재도(文以載道)'라는 전통과 결합하여 더욱 강력한 당위성을 갖게 되었다. 1920년대 '위인생론(为人生论)'을 거쳐 현대의 '주선율문학(主旋律文学)'까지 이어지는 긴 계보를 형성하고 있다.

대표적 특징:

㉠ 현실 문제(정치, 계급, 젠더, 민족 등)를 다룸.
㉡ 독자에게 사회 인식과 비판적 사고를 촉구.
㉢ 문학을 '행동하는 양식'으로 간주.
㉣ 문학의 영향력을 공적 영역으로 확장.

---

4) 1920년대 중국 문학계의 핵심 논쟁은 위예술론과 위인생론의 대립이었다. 위예술론은 문학의 순수한 예술적 가치를 중시하며 사회적 목적에서 자유로워야 한다고 주장하며, 문학이 계몽 도구가 될 때 예술적 순수성 훼손 우려도 제기되었다. 천두슈, 김수연 옮김, 『신청년의 신문학론』, 한길사, 2011년, 84쪽.

중국 문학사의 논쟁 구조와 권력 관계

앞서 살펴본 중국 고유의 문학 개념들이 실제 문학사에서 어떤 위계와 갈등 관계를 형성해왔는지 구체적으로 분석해보자.

▶ **참여의 계보: 주류 담론의 형성**
중국에서는 '문이재도' → '위인생론' → '주선율문학'으로 이어지는 참여의 계보가 일관된 주류를 형성해왔다. 이 계보의 특징은 문학이 사회적 책임을 져야 한다는 당위성이 정치권력과 결합하여 강력한 정당성을 확보했다는 점이다.

㉠ **문이재도:** 유교적 전통에서 나온 "문학은 도덕적 교화의 수단"이라는 관념.
㉡ **위인생론:** 신문화운동 시기 "문학은 인생을 위해 복무해야 한다"는 현대적 변용.
㉢ **주선율문학:** 사회주의 체제에서 "문학은 국가 건설에 기여해야 한다"는 당대적 표현.

▶ **순수의 계보: 저항과 변주의 역사**
반면 위예술론 → 사인화쓰기(私人化寫作) → 선봉문학(先鋒文學)의 계보는 끊임없이 정당성을 입증해야 하는 위치에 있었다. 이들은 직접적 저항보다는 우회와 변주의 전략을 통해 생존해왔다. 구체적으로 직접적인 정치 비판 대신 개인의 내면 탐구와 일상의 미시사를 다루었고, 집단주의적 가치 대신 개인의 욕망과 감정에 집중했다. 또한 사회주의 리얼리즘의 선형적 서사 구조를 거부하고 파편적이고 순환적인 서사를 도입했으며, 명확한 교훈적 메시지 대신 모호성과 다의성을 추구하여 해석의 여백을 남기는 열린 결말을 선호했다. 혁명적 영웅주의 대신 평범한 개인의 일상과 내적 갈등을 그려내고, 서구의 모더니즘과 포스트모더니즘 기법을 차용하여 형식 실험과 언어 유희를 통해 기존 문학 관념에 도전했다.

㉠ **위예술론:** '예술을 위한 예술' 논리로 문학의 자율성 주장
㉡ **사인화쓰기:** 1980년대 이후 개인적 체험을 통한 우회적 저항
㉢ **선봉문학:** 형식 실험을 통한 기존 담론에 대한 해체적 시도

중국 현당대문학에서 이 구분이 중요한 이유

중국 현대문학은 다른 어떤 나라 문학보다 정치와 현실, 사회와 국가의 요구에 밀접하게 노출된 구조 속에서 성장해왔다. 1915년 신문화운동(新文化运动) 이후 중국 문학은 '문학은 왜 존재하는가?'라는 질문에 대한 다양한 응답을 시도했으며, 특히 문학이 사회에 참여해야 하는가, 아니면 예술로서의 자율성을 견지해야 하는가에 대한 문제가 핵심 쟁점이 되었다. 서구 문학에서 순문학과 참여문학의 구분이 상대적으로 개방적이고 선택적이라면, 중국에서는 이것이 문학의 생존과 직결되는 문제였다. 정치적 격변기에는 참여문학만이 허용되었고, 순문학은 '부르주아적 타락'으로 비판받았다. 반대로 개방기에는 순문학이 예술적 해방의 상징이 되었다.

흥미로운 점은 중국 현대문학에서 '순문학'이 존재할 수 있었다면 그것이 오히려 '참여하지 않음'이라는 방식의 반참여로서의 참여였다는

것이다. 즉, 정치적 메시지를 직접 다루지 않는 것 자체가 하나의 정치적 선택이자 저항의 형태가 되었다. '참여문학'은 중국 문학의 표준적 궤도이며, '순문학'은 그 궤도 내에서 간헐적으로 출현한 예외적 실험이었다. 하지만 이 예외는 사회의 균열과 정체성의 위기를 드러내는 감수성으로 기능하면서, 문학이 체제 바깥에서 사유하고 꿈꿀 수 있는 공간을 열었다.

결국 중국 문학은 참여와 순수라는 이분법을 넘어서, 자기검열과 암호화, 형식 실험, 감정의 전략화 등을 통해 권력과의 관계를 끊임없이 재구성해온 문화정치적 실천의 장이라 할 수 있다. 이러한 특수성을 이해해야만 중국 현대문학의 복잡하고 다층적인 면모를 제대로 파악할 수 있다.

중국이 말하고 싶어하는 이야기

　중국은 오랜 시간 동안 자국의 정체성을 반복적으로 형상화해온 고유한 상징 체계를 축적해왔다. 특히 고대 중국은 황하문명, 용(龙), 불로초(不老草), 황제(皇帝)와 같은 상징을 통해 자연과 인간, 국가와 우주의 질서를 아우르는 권력의 중심성을 이야기해왔다. 이러한 기호들은 단순한 신화나 전설의 산물이 아니라, 중국적 세계관과 통치 담론을 관류하는 핵심 코드였다. 예컨대 황하는 단순한 강이 아니라, 중국 문명의 원류로서 시간과 공간의 기원을 상징하고, 용은 자연과 인간 세계를 통제하는 초월적 권력의 화신으로 작동했다. 불로초는 죽음을 초월하려는 제국의 욕망, 황제는 천명(天命)을 부여받은 절대 권력자로서 질서와 위계의 정점을 의미하였다. 이렇듯 고대 중국의 상징 기호들은 초월적 힘과 체제의 안정, 위대한 중심의 존재를 전제하며, 중국적 문명의 유구함과 우월성을 끊임없이 재진술해왔다.

　그렇다면 오늘날 중국은 어떤 기호를 통해 자신을 이야기하고 있는가? 시진핑 시대의 공식 담론에서 반복적으로 등장하는 핵심 기표들 '중국몽(中国梦)', '일대일로(一带一路)', '붉은색(红)', '인구 대국'은 21세기 중국의 자기 정체화 방식을 보여준다. '중국몽'은 2012년 시진핑 집권 이후 당-국가 차원에서 공식화된 정치적 슬로건으로, 국가적 재흥과 문화적 자긍심의 회복을 향한 정치적 비전을 집약한다. 일대일로는 중국이 주도하는 글로벌 경제권 구상으로서 미국 중심 질서에 대응하는 지정학적 상상력을 담고 있으며, 이는 곧 G2로서의 위상 의식과 직결된다. 붉은색은 혁명 전통과 사회주의 정체성을 계승하면서도 권위주의적 통치의 정당성을 뒷받침하는 정치 감성의 집약체로 기능한다. 14억 인구라는 수사는 단순한 통계가 아니라 생산력과 시장 규모, 그리고 '대국굴기(大国崛起)'의 물질적 토대를 상징하는 담론적 무기이다.

주목할 점은, 고대와 현대의 중국이 대체로 '권력'과 '웅대함'을 핵심으로 하는 기호 체계를 공유한다는 사실이다. 용과 황제가 상징하던 절대적 위상은, 오늘날 중국몽과 일대일로로 계승되었으며, 불로초의 신화는 오늘날 생명과학, 우주개발, AI 기술을 통한 인간 확장의 서사로 재현된다. 붉은색은 과거의 제국적 위엄을 혁명의 열기로 전유하며, 여전히 권위와 생명력, 통합과 감시의 색채를 지닌다.

이러한 고대의 상징과 현대의 기호를 관통하는 이야기 속에는 과연 무엇이 담겨 있는가? 이 질문을 풀기 위해서는 고대와 현재 사이에 놓인 서사적 전환기, 즉 1917년부터 1949년까지의 시기를 주목해야 한다. 이 시기는 중국 현대문학의 형성기이자 상상력의 대전환이 일어난 결정적 국면이었다.

문학적 상상력에서 국가 담론으로의 전환 메커니즘

신문화운동과 5·4운동(五四运动)을 기점으로, 중국 지식인들은 과거의 신화적 기호와 제국의 상징에 대한 근본적 재검토에 착수했다. 이 과정에서 문학은 단순한 예술 활동이 아니라 새로운 국민국가의 정신적 토대를 설계하는 핵심적 실천으로 부상했다. 문학적 상상력이 국가 담론으로 전환되는 메커니즘은 다음과 같이 작동했다.

- ㉠ **언어 혁명을 통한 새로운 주체 창조:** 백화문(白话文) 운동은 고전 문언문(文言文)에서 구어체로의 전환을 통해 기존 엘리트 문화의 독점을 해체하고, 새로운 '국민' 주체를 언어적으로 구성해냈다. 이는 단순한 표기법 변화가 아니라 사고의 민주화이자 상상적 공동체의 확장이었다.
- ㉡ **문학 잡지와 출판 네트워크를 통한 담론 확산:** 『신청년(新青年)[1]』, 『소설월보(小说月报)[2]』 등의 문학 매체들은 새로운 이념과 미학을 전파하는 핵심 플랫폼으로 기능했다. 이들 매체를 통해 개별 작가의 상상력은 집단적 의식으로 전환되고, 나아가 정치적 실천의 근거로 활용되었다.
- ㉢ **교육 제도와의 결합을 통한 제도화:** 신교육 운동과 함께 문학은 학교 교육과정에 편입되었고, 이를 통해 문학적 상상력은 국민 형성의 핵심 도구로 자리잡았다. 루쉰의 소설들이 교과서에 수록되면서 그의 비판적 현실 인식은 표준적인 국민 의식으로 내면화되었다.
- ㉣ **정치 운동과의 직접적 결합:** 1930년대 좌익문학운동(中国左翼文学运动)[3]에서 보듯, 문학은 혁명 이데올로기의 전파 수단으로 활용되었

---

[1] 1915년 천두슈가 창간한 잡지. 1917년 베이징대학으로 편집부 이전 후 후스(胡适), 루쉰(鲁迅)등이 참여하여 중국 신문화운동의 핵심 매체 역할을 했다.
[2] 1910년 7월 상하이 창간된 중국 최초의 종합 문학잡지. '인생을 위한 예술'(为人生而艺术)을 주장하며 리얼리즘 문학을 추진했다.
[3] 1930년 성립된 중국좌익작가연맹(左联)을 중심으로 한 1930년대 중국의 혁명문학운동이다. 중국공산당이 직접 영도한 첫 번째 혁명문학조직으로 마르크스주의 문예이론을 선전했다.

고, 작가들의 상상력은 정치적 실천과 직접 연결되었다. 이 과정에서 문학적 형상화는 정치적 동원의 효과적 도구로 입증되었다.

루쉰은 ㉠㉡㉢㉣에서 서술한 전환의 핵심 인물이었다. 그는 '고대의 용맹한 황제'와 같은 신화를 해체하면서, 정신적 노예 상태에 놓인 민중의 내면을 응시하였다. 그가 창조한 아큐(阿Q)라는 인물은 단순한 문학적 형상이 아니라, 중국인의 집단적 무의식과 민족성에 대한 비판적 진단이었다. 중요한 것은 이러한 문학적 형상화가 이후 중국공산당의 민중 계몽 담론과 혁명 주체 형성 논리에 직접적으로 영향을 미쳤다는 점이다. 마오둔(茅盾), 바진(巴金), 딩링(丁玲) 등은 각각의 서사를 통해 신여성, 농민 계층, 도시 소시민 등 현실의 다양한 주체들을 등장시켜, 민족·혁명·계몽이라는 새로운 상상적 공동체를 그려냈다. 이들의 문학적 실험은 1949년 이후 사회주의 사실주의 문학 정책의 이론적 토대가 되었고, 나아가 중화인민공화국의 문화 정체성 형성에 직접적으로 기여했다.

연속성과 단절의 변증법: 세 시대의 구체적 전개

따라서 고대와 현재를 잇는 이야기 속에는 단순한 기호의 계승이나 권력의 연속성만이 있는 것이 아니다. 그 사이에는 1917년부터 현재까지의 상상력의 실험, 민족의 근대적 재정의, 작가들이 구축해낸 새로운 이야기의 정치학이 놓여 있다.

▶ 1949-1978: 사회주의 이데올로기와 전통의 선택적 계승

1949년 이후 사회주의 중국은 근대문학의 성과를 선택적으로 계승하면서도 전면적인 재편을 시도했다. 루쉰의 비판 정신은 계승되었지만, 그의 개인주의적 성향은 배제되었다. 대신 딩링의 혁명 서사나 마오둔의 사회 분석이 모범으로 제시되었다. 이 시기 '붉은 고전(红色经典)[4]'들은 고대의 영웅 서사 구조를 차용하면서도, 그 내용을 계급투쟁과 혁명 정신으로 치환했다. 예를 들어 『홍루몽』의 가문 흥망사 구조는 『홍암(红岩)』에서 혁명가들의 투쟁사로 재탄생했다.

▶ 1978-2012: 시장경제와 전통문화의 복귀

개혁개방 이후에는 전통 문화와의 화해가 본격화되었다. 이 시기 '문화열(文化热)[5]' 현상을 통해 고대의 상징들이 현대적 형태로 부활했다. TV드라마 『서유기(西游记)』의 대성공은 용, 신선, 불로초 같은 고대 신화가 대중문화를 통해 재생산되는 과정을 보여준다. 동시에 장예모(张艺谋), 천카이거(陈凯歌) 등의 5세대 감독[6]들은 영화를 통해 '중국적인 것'을 시각적으로 재현하면서, 황색과 붉은색의 미학을 세계에 각인시켰다.

▶ 2012-현재: 문화적 정체성과 정치적 정당성의 결합

시진핑 시대에 들어서면서 이러한 과정은 '중화민족의 위대한 부흥'이라는 정치적 프로젝트와 직접 결합되었다. '중국몽'은 단순한 정치

---

4) 1942년 마오쩌둥의 '연안문예좌담회 강화' 정신을 바탕으로, 중국공산당 영도하의 사회정치운동과 공농병 생활을 반영한 모범적 문학작품들을 가리키는 개념이다.
5) 문화열은 1980년대 중국에서 일어난 문화사조로, 문혁에 대한 반성을 바탕으로 현대화와 전통문화 문제를 논의했다. 1980년대는 '신계몽시대'로 불리며, 중기에는 '반전통' 조류가 형성되어 현대화를 위해 전통을 버려야 한다는 주장이 제기되었다. 이 시기 자유주의 문화가 흥기했다.
6) 5세대 감독은 1980년대 베이징영화학원을 졸업한 중국 영화감독들을 지칭한다.

슬로건이 아니라, 고대의 천하(天下) 이념과 근대의 민족국가 개념, 그리고 현대의 글로벌 패권 의식을 하나로 묶는 담론적 장치로 기능한다. 일대일로 구상에서 고대 실크로드의 상징성을 차용하는 것, 공자학원을 통해 중화 문화를 세계에 전파하는 것, AI와 우주개발에서 '중국속도'를 강조하는 것 모두가 이러한 맥락에서 이해될 수 있다.

이 지점에서 중국의 문화적 정체성과 정치적 정당성이 동시에 구성되고 있다. 문화적 정체성은 '5천년 문명사'라는 연속성을 통해, 정치적 정당성은 '중화민족의 위대한 부흥'이라는 현재적 과제를 통해 정당화된다. 예를 들어 2022년 베이징 동계올림픽 개막식에서 24절기를 모티프로 한 카운트다운이나, 한자의 진화 과정을 보여준 퍼포먼스는 바로 이러한 이중 구조를 시각적으로 구현한 사례다. 고대의 농업 문명 전통(24절기)과 문자 문명의 우수성(한자)을 통해 문화적 자긍심을 부각시키면서, 동시에 현재 중국의 기술력(첨단 무대 연출)과 국제적 위상(올림픽 개최)을 과시하는 것이다.

바로 이 지점에서 중국 현당대소설이 수행해온 역할의 중요성이 드러난다. 전환기의 작가들이 만들어낸 '전이 서사'가 오늘날 국가 차원의 담론 생산에까지 영향을 미치고 있기 때문이다. 문학적 상상력이 국가적 상상력으로 전환되는 이 과정이야말로 중국이 "무엇을 이야기하고 싶은가"라는 질문의 핵심에 놓여 있는 것이다.

3

상상의 배경

절망의 시대: 청나라 말기의 사회적 위기

19세기 후반 청나라는 내부적으로 극심한 사회적, 경제적 혼란과 정치적 부패로 인해 국가적 위기에 빠져 있었다. 당시 사회를 지배하던 관리들의 무능과 부패는 일반 백성의 삶을 극도로 피폐하게 만들었다. 지방 관리와 지주들은 토지세를 과도하게 부과하고 착취했으며, 농민들은 생계를 유지하기도 힘든 상황에 처했다. 또한 관리들의 관직 매매와 뇌물이 성행하여, 행정은 마비되었고, 이는 결국 민심의 급속한 이반을 초래했다. 이러한 사회적 혼란과 민중의 고통은 당시 사회를 '흑암사회(黑暗社会)'로 규정지으며 개혁과 혁명의 필요성을 절박하게 만들었다.

청나라 후반기는 봉건적 질서와 유교적 가치관이 여전히 강력한 영향력을 행사하던 시대였다. 유교는 본래 덕치와 인륜을 강조하는 사상이었으나, 청나라 말기에 이르러서는 오히려 개혁을 저해하는 장애물이 되고 말았다. 관료사회는 유교적 명분 아래 현실을 외면하는 경향이 있었고, 전통적 유교 사상에 근거한 관료 체제는 현실에 대응하지 못한 채 점점 더 부패의 늪에 빠져들었다.

　더욱 결정적인 타격은 외부에서 왔다. 아편전쟁(鸦片战争)은 중국 근대사의 중대한 분기점이었다. 영국과의 전쟁에서 중국은 처참하게 패배했고, 난징 조약(南京条约)과 톈진 조약(天津条约)을 통해 막대한 배상금을 지불하고 홍콩을 영국에 할양해야 했다. 이 전쟁은 중국인들에게 굴욕과 충격을 주었다. 특히 전통적으로 중국인들이 가졌던 자부심, 즉 중화 문명이 세계의 중심이며, 중국이 다른 나라보다 우월하다는 '중화사상'에 큰 타격을 입혔다. 중국의 패배는 단순한 군사적 패배가 아니라 중국이 가진 전통적 세계관과 사회질서의 근본적인 한계를 드러내는 계기가 되었다.

절반짜리 근대화의 한계: 중체서용에서 전면 개혁까지

　중국이 서구 문명과 마주친 19세기 중엽부터 20세기 초까지의 시간은 한 마디로 '실험의 시대'였다. 장즐동(张之洞)이 『권학편(劝学篇)』에서 제시한 '중학위체, 서학위용(中学为体, 西学为用)' 즉 중체서용의 원칙은 당시로서는 매우 현실적인 대안으로 보였다. 중국의 전통적 가치와 정치 체제는 그대로 유지하되, 서양의 과학기술만 선별적으로 받아들이자는 것이었다. 마치 몸은 그대로 두고 옷만 갈아입으면 된다고 생각한 것이다.

　하지만 현실은 그렇게 단순하지 않았다. '양무운동(洋务运动)' 시기에 건설된 강남제조총국(江南制造总局)이나 복주선정국(福州船政局) 같은 근대적 공장들은 겉보기에는 화려했지만, 부패한 관료제와 낡은 사회 구조 속에서는 제대로 작동할 수 없었다. 기술만 빌려온다고 해서 서구의 힘을 가질 수 있는 것은 아니었다. 근대적 기술은 근대적 제도와 근대적 사고 방식이라는 토양에서만 제대로 뿌리내릴 수 있었기 때문이다.

1894년 청일전쟁의 패배는 이런 절반짜리 근대화의 한계를 적나라하게 드러냈다. 수천 년간 '소중화(小中华)[1]'로 여겨졌던 일본이 불과 30여 년의 변화로 중국을 압도한 것이다. '시모노세키 조약'으로 타이완(台湾)을 잃고 거액의 배상금을 물어야 했던 굴욕은 중국 지식인들에게 근본적인 질문을 던졌다. "과연 전통을 지키면서 근대화할 수 있는가? 아니면 전통 자체를 바꿔야 하는가?"

옌푸(严复)가 번역한 『천연론(天演论)』은 이런 절망적 현실에 하나의 해답을 제시했다. 다윈의 진화론을 통해 '적자생존(适者生存)'의 법칙을 받아들인 중국 지식인들은 비로소 변하지 않으면 멸망한다는 사실을 깨달았다. 더 이상 중체서용 같은 절충적 해법으로는 안 된다는 인식이 확산되기 시작했다. 변화는 전면적이어야 했고, 급진적이어야 했다.

개혁의 꿈과 좌절: 변법자강운동에서 신해혁명까지

캉유웨이(康有为)와 량치차오(梁启超)가 주도한 변법자강운동(变法自强运动)은 이런 전면적 변화에 대한 첫 번째 시도였다. 흥미롭게도 캉유웨이는 전통을 완전히 부정하는 대신 전통을 새롭게 해석하는 방법을 택했다. 『공자개제고(孔子改制考)』에서 공자를 개혁가로 재해석하고, 유교

---

[1] 소중화는 중국 중심의 동아시아 전통 질서에서 일본을 지칭하는 용어이다. 중국은 자신을 문명의 중심인 '중화(中华)'로 여기고 주변국을 위계적으로 분류했는데, 일본은 중국 문화를 수용한 문명국으로 분류되었다.

경전에서 변화와 진보의 근거를 찾아낸 것이다. 이는 매우 영리한 전략이었다. 전통의 권위를 빌려 혁신을 정당화한 것이다.

1898년 6월부터 9월까지 103일간 지속된 무술변법(戊戌变法)은 포괄적이고 급진적인 개혁이었다. 군주입헌제 도입, 의회 설치, 과거제 개혁, 신식 교육 확산 등 정치, 경제, 사회, 문화 전 영역에 걸친 변화를 시도했다. 하지만 이 모든 노력은 서태후(西太后)의 쿠데타로 무산되었고, 변법육군자(变法六君子)는 처형당했으며, 캉유웨이와 량치차오는 일본으로 망명해야 했다. 무술변법의 실패는 중국 근대화에 중요한 교훈을 남겼다. 한 부분만의 개혁만으로는 한계가 있다는 것이었다. 기존 권력 구조를 그대로 둔 채 제도만 바꾸려 했던 변법자강운동은 필연적으로 기득권 세력의 반발에 부딪힐 수밖에 없었다. 진정한 변화를 위해서는 권력 구조 자체를 바꿔야 한다는 인식이 확산되기 시작했다. 쑨원(孙文)을 중심으로 한 혁명파는 이런 교훈을 받아들여 더 근본적인 해법을 제시했다. 청 왕조 자체를 타도하고 공화정을 수립하자는 것이었다. 삼민주의(三民主义)[2]로 요약되는 쑨원의 사상은 단순히 정치 체제의 변화를 넘어 사회 전체의 근본적 변혁을 추구했다. 1911년 10월 10일 우창(武昌)에서 시작된 무력 봉기가 순식간에 전국으로 확산된 것은 그만큼 변화에 대한 갈망이 축적되어 있었기 때문이다. 불과 몇 개월 만에 수천 년간 지속된 황제 체제가 무너지고 아시아 최초의 공화국이 탄생했다.

---

2) 삼민주의는 쑨원이 창도한 민주혁명 강령으로, 민족주의(民族主义), 민권주의(民权主义), 민생주의(民生主义)로 구성된다.

5·4운동과 중국 현대문학의 탄생

신해혁명(辛亥革命)으로 정치 체제는 바뀌었지만 사람들의 의식은 여전히 봉건적이었다. 이런 상황에서 1919년 5월 4일, 베이징 학생들의 반제국주의 시위로 시작된 5·4운동은 단순한 정치적 저항을 넘어 문화적 각성 운동으로 발전했다. 이 운동이야말로 중국 현대문학이 탄생하는 결정적 계기였다.

5·4운동의 사상적 토대는 1915년부터 시작된 신문화운동에 있었다. 천두슈(陈独秀)가 『신청년』을 창간하며 내세운 '민주(民主)'와 '과학(科学)'의 기치는 새로운 인간형을 요구했다. 자주적이고 진보적이며 세계적인 사고를 가진 근대적 개인 말이다. 이는 의존적이고 보수적이며 폐쇄적인 전통적 중국인의 모습과 정반대였다.

문학 혁명은 이런 사상적 각성과 함께 시작되었다. 후스(胡适)가 1917년 발표한 「문학개량추의(文学改良刍议)」와 천두슈의 『문학혁명론(文学革命论)』은 문학의 존재 방식 자체를 바꾸려는 시도였다. 그들은 '귀족문학, 고전문학, 산림문학'으로 대표되는 구문학을 거부하고, '평민문학, 현실문학, 사회문학'인 신문학을 추구했다.[3] 백화문 운동은 이런 변화의 핵심이었다. 언어가 바뀌면 생각이 바뀌고, 생각이 바뀌면 세상이 바뀐다. 일상어로 문학을 쓴다는 것은 평범한 사람들의 평범한 삶도 문학이 될 수 있다는 의미였다. 5·4운동의 함성 속에서 중국 현대문학이 진정으로 태어난 것이다.

---

3) 경도신문, 「중국의 문학 혁명의 맹아와 의의」, 2015.10.18

2) 문제제기: 봉건사회와 유교 비판

▶ 고구 선생의 장부 사건

"자신이 잘못한 것은 20년 전 고구선생의 퀘퀘 묵은 장부를 걷어찬 것밖에 없는데, 그가 길거리 사람들과 작당을 해서 자신을 원수처럼 여기고 해치려고 한다"

이 구절은 작품의 핵심 주제인 봉건사회 비판과 근대적 자아의식의 각성 과정을 압축적으로 보여주는 중요한 대목이다. 이 구절은 주인공인 '광인'의 피해망상과 자기합리화를 통해 당시 중국 사회의 억압적 구조와 개인의 정신적 고립감을 상징적으로 드러낸다.

광인이 자신의 과거 행동을 "20년 전 고구선생의 낡은 장부를 걷어찬 것뿐"이라고 축소하여 표현하는 것은 전형적인 자기합리화의 심리를 보여준다. 여기서 '고구선생의 장부'는 단순한 물리적 대상이 아니라 기존 봉건 질서와 관습을 상징하는 메타포로 해석된다. 이를 걷어찬 행위는 전통적 가치체계에 대한 반항을 의미하며, 루쉰은 이를 통해 구체제에 맞서는 지식인의 고독한 처지를 형상화했다. 그러나 광인이 이러한 행위를 사소한 일로 치부하는 것은 자신의 잘못을 최소화하려는 방어기제의 발현이자, 동시에 봉건 질서에 대한 도전이 얼마나 위험한 것인지를 역설적으로 보여준다.

더 나아가 사소한 일로 인해 온 세상 사람들이 자신을 해치려 한다고 믿는 광인의 피해망상은 당시 중국 사회의 집단적 억압 구조를 반영한다. 이는 개인의 정신적 일탈이 아니라 사회적 병리현상의 표출로 읽힐 수 있으며, 루쉰이 의도한 사회비판적 메시지의 핵심을 이룬다. 결국

이 구절은 봉건사회의 억압적 질서 안에서 근대적 자아의식에 눈뜬 개인이 겪는 내적 갈등과 사회적 고립감을 압축적으로 드러내는 문학적 장치로 기능한다.

▶ **전통에 대한 의문**

"예전부터 그래왔더라면 옳은 것인가?"

이는 작품의 핵심 질문이다. 오랜 전통이라고 해서 그것이 반드시 옳은 것은 아니라는 근본적 의문이다. 전통과 관습에 대한 맹목적 추종을 거부하는 계몽주의적 사고이다.

▶ **곱지 않은 시선들**

광인은 주변 사람들의 시선을 모두 적대적으로 해석한다. 이는 기존 질서에 의문을 제기하는 자가 받게 되는 사회적 압력을 상징한다. 진실을 보는 자는 미치광이로 취급받는다.

3) '병이 나았다'의 의미

서문에서 광인은 결국 "병이 나아서" 관직에 임명되어 어딘가로 부임해갔다고 한다. 여기서 "병이 나았다"는 것은 다음을 뜻한다.

- ㉠ **진실 인식의 포기:** 광인이 더 이상 사회의 본질을 꿰뚫어보지 않게 되었다는 뜻이다.
- ㉡ **기존 체제로의 복귀:** 비판적 의식을 버리고 기존 질서에 순응하게

되었다는 의미이다.
- ⓒ **사회적 동화:** 진실을 보는 '광기'에서 벗어나 '정상인'이 되었다는 것이다.
- ⓔ **순응하는 지식인:** 관직에 임명되었다는 것은 그가 체제의 일부가 되었음을 의미한다.

루쉰은 이를 통해 진실을 보는 자가 결국 현실의 압력에 굴복하게 되는 비극을 보여준다. 진정한 각성보다는 체제 순응이 '정상'으로 여겨지는 사회의 모순을 드러낸다.

4) 소설 속 '광인'의 '광'은 무엇일까?

- ㉠ **행동과 인식의 "광"(行为认知之"狂"):** 광인의 '광'은 먼저 일반 상식과 다른 기이한 행동과 인식에서 나타난다. 그는 마을 사람들이 모두 자신을 잡아먹으려 한다고 믿으며, 역사책에서 "사람을 잡아먹는다(吃人)"는 글자를 발견한다고 주장한다. 또한 자신의 친형과 어머니까지도 식인자로 의심하며, 심지어 자기 자신도 누이동생의 고기를 먹었을 가능성을 제기한다. 이런 행동들은 일반인의 시각에서는 명백한 정신병적 증상으로 보인다.

- ㉡ **사상과 인식의 "광"(思想认识之"狂"):** 하지만 더 깊은 차원에서 광인의 '광'은 기존 봉건 사회의 본질을 꿰뚫어보는 예리한 사상적 통찰에서 나타난다. 그가 말하는 '식인'은 단순한 물리적 행위가 아니라 봉건적 예교 질서가 개인의 인격과 자유를 짓밟는 정신적 '식인'을 의미한다. "예전부터 그래왔더라면 옳은 것인가?"라는 질문

과 "아이들을 구하라!"는 외침은 전통에 대한 근본적 의문과 미래에 대한 계몽적 사명감을 보여준다. 이런 의미에서 광인의 '광'은 오히려 깨어있는 이성의 발현이라 할 수 있다.

5) 희망의 대상: 아이들

작품의 마지막에서 광인은 절망적 현실 속에서도 희미한 희망을 발견한다.

"한번도 사람을 잡아먹어 본 적이 없는 아이들이 아직도 어딘가에 남아 있을지도 모른다. 어서 아이들을 구하라!"

▶ 아이들이 희망인 이유
㉠ **순수성:** 아이들은 아직 기성 사회의 타락한 문화에 완전히 물들지 않았다.
㉡ **가능성:** 올바른 교육과 환경이 주어진다면 새로운 인간으로 성장할 수 있다.
㉢ **미래:** 기성세대는 이미 구원받을 수 없지만, 미래 세대는 다를 수 있다.
㉣ **변화의 주체:** 진정한 사회 변혁은 새로운 세대를 통해서만 가능하다.

▶ 계몽주의적 사명감
"아이들을 구하라!"는 외침은 루쉰의 계몽주의적 사명감이 집약된 것이다. 이는 단순한 구호가 아니라, '교육을 통한 의식 개조', '새로운 문화 창조', '봉건적 전통의 극복', '인간답게 살 권리의 회복'을 의미한다.

6) '일기' 방식으로 소설을 쓰는 것에는 어떤 장점이 있는가?

㉠ **첫 번째 장점-내면 심리의 직접적 표현:** 일기체는 인물의 내면 세계를 가장 직접적이고 생생하게 표현할 수 있는 형식이다. 광인의 의식 변화와 심리 상태가 13편의 일기를 통해 점진적으로 드러나면서, 독자들은 그의 사고 과정을 단계별로 따라갈 수 있다. 특히 "사람을 잡아먹는다"는 인식이 형성되는 과정이 일기를 통해 생생하게 전달된다.

㉡ **두 번째 장점-사실성과 진실성 강화:** 일기라는 형식은 독자에게 이것이 실제 경험한 일을 기록한 것이라는 느낌을 준다. 서문에서 "의학 연구 자료"라고 언급한 것도 이런 사실성을 강화하기 위한 장치다. 이를 통해 작가는 허구적 내용에 현실감을 부여하고, 독자들이 작품의 메시지를 더 진지하게 받아들이도록 만든다.

㉢ **세 번째 장점-시간의 흐름과 변화 과정 표현:** 일기체는 시간의 경과에 따른 인물의 변화를 자연스럽게 보여줄 수 있다. 광인의 의식이 점차 명확해지는 과정, 의심에서 확신으로 발전하는 과정, 절망에서 희망의 메시지로 나아가는 과정이 일기의 시간적 순서를 따라 논리적으로 전개된다.

㉣ **네 번째 장점- 서문과의 대조 효과:** 문언문으로 쓰인 차분한 서문과

백화문으로 쓰인 격정적인 일기 본문 사이의 대조는 강한 예술적 효과를 만들어낸다. 서문의 객관적이고 냉정한 어조와 일기의 주관적이고 감정적인 어조 사이의 간극을 통해, 작가는 기존 질서에 안주하는 지식인과 진실을 추구하는 각성자 사이의 차이를 극명하게 드러낸다.

3. 『광인일기』와 루쉰의 중간물 사상: 절망과 희망 사이의 세대

『광인일기』를 읽다 보면 한 가지 흥미로운 점을 발견하게 된다. 광인은 기성세대에 대해서는 철저히 절망하면서도, 아이들에 대해서는 간절한 희망을 품고 있다는 것이다. 그리고 자기 자신에 대해서는 애매한 위치에 서 있다. 이러한 인식 구조는 루쉰이 평생 고민했던 '중간물 사상'과 밀접하게 연결되어 있다.

루쉰의 중간물 사상은 세대를 크게 세 부류로 나누어 보는 관점이다. 첫째는 이미 구원 불가능한 기성세대, 둘째는 아직 희망이 있는 미래세대, 셋째는 그 사이에 끼인 과도기적 존재인 중간물 세대이다. 루쉰은 자신과 동시대 지식인들을 이 중간물 세대로 규정했다. 중간물 세대의 특징은 이중적이다. 한편으로는 기존 질서의 문제점을 명확히 인식하고 있지만, 다른 한편으로는 그 질서에서 완전히 자유로울 수 없다. 그들은 과거와 미래 사이에서 고통스러운 중개자 역할을 해야 하는 운명에 처해 있다.

광인의 눈에 비친 기성세대는 철저히 절망적이다. 이들은 "사천 년 동안 늘 사람을 잡아먹어온" 문화의 완전한 체현자들이다. 여기에는 형, 어머니, 조씨 노인, 의사, 마을 사람들이 모두 포함된다. 특히 가족

구성원들마저 이 범주에 속한다는 점이 충격적이다. 광인은 큰형이 누이동생을 잡아먹었다고 확신하며, 어머니조차 이 사실을 알고도 묵인했다고 생각한다. 이들 기성세대는 도덕과 인의라는 아름다운 말로 포장된 문화 속에서 실제로는 개인을 희생시켜왔다. 그들에게는 이것이 너무나 당연하고 자연스러운 일이어서, 자신들이 무엇을 하고 있는지조차 의식하지 못한다.

반면 아이들에 대한 광인의 인식은 완전히 다르다. 그는 마지막 순간에 이렇게 외친다.

"한번도 사람을 잡아먹어 본 적이 없는 아이들이 아직도 어딘가에 남아 있을지도 모른다. 어서 아이들을 구하라!"

여기서 중요한 것은 "한번도 사람을 잡아먹어 본 적이 없는"이라는 조건이다. 아이들이라고 해서 모두 희망적인 것은 아니다. 이미 기존 문화에 물든 아이들도 있다. 하지만 그럼에도 불구하고 아직 오염되지 않은 아이들이 어딘가에는 남아 있을 것이라는 희망을 포기하지 않는다. 이들이야말로 새로운 문화를 창조할 수 있는 유일한 가능성이다.

가장 복잡한 것은 광인 자신의 위치이다. 그는 분명히 기성세대와는 다르다. 사천 년 억압사의 진실을 꿰뚫어보는 예리한 통찰력을 가지고 있으며, 기존 질서에 대해 근본적인 의문을 제기한다. 하지만 그렇다고 해서 완전히 깨끗한 존재는 아니다. 광인의 가장 고통스러운 깨달음은 자기 자신도 그 시스템의 일부였다는 사실이다. "나도 모르는 사이에 누이동생의 살점을 먹지 않았다고 단정할 수 있겠는가?" 이는 단순한 피해망상이 아니라 깊은 자기 성찰이다. 자신도 의도하지 않았지만 억압 문화에 가담해왔을 가능성을 인정하는 것이다.

이것이 바로 중간물의 특징이다. 완전히 무죄하지도 않고, 완전히 유죄하지도 않은 애매한 존재. 과거에는 무의식적으로 잘못에 가담했지만, 현재는 그 잘못을 인식하고 있는 과도기적 존재. 광인이 '미치광이'가 된 것은 우연이 아니다. 진실을 보는 자는 미치광이로 취급받을 수밖에 없는 것이 현실이다. 기성세대는 그의 말을 들으려 하지 않고, 미래세대는 아직 그의 말을 이해할 수 없다. 그는 완전히 고립된 상태에서 홀로 진실을 외쳐야 한다.

하지만 바로 이 고통스러운 위치 때문에 중간물들은 독특한 역할을 할 수 있다. 그들은 과거의 문제점을 정확히 진단할 수 있는 거리감을 가지고 있으면서, 동시에 미래를 위한 대안을 제시할 수 있는 시대적 감각도 갖추고 있다. 중간물 사상의 핵심은 자기희생적 계몽 의식이다. 중간물들은 자신들이 구원받을 수 없다는 것을 알고 있다. 광인도 결국 '병이 나아서' 관직에 임명되어 기존 체제에 편입된다. 하지만 그들의 희생이 완전히 무의미한 것은 아니다. 비록 자신들은 변화하지 못했지만, 그들이 남긴 외침은 다음 세대에게 전해진다. "아이들을 구하라!"는 메시지는 광인 개인의 절망적 외침을 넘어서서, 후대 지식인들이 계승해야 할 사명이 된다.

4. 『광인일기』가 현대 한국사회에 던지는 메시지: 우리 안의 '식인 문화'

100년 전 중국의 광인이 외친 "사람을 잡아먹는다"는 고발은 오늘날 한국 사회에도 여전히 유효한 경고음이다. 루쉰이 폭로한 억압 구조는 단순히 중국만의 문제가 아니라, 전통과 현대가 뒤섞인 모든 사회가 안고 있는 구조적 모순이기 때문이다. 우리는 과연 광인의 눈으로 우리 사회를 바라볼 용기가 있는가?

1) 아름다운 포장 아래 숨겨진 억압

광인이 역사책에서 발견한 것은 표면적으로는 도덕과 인의로 가득하지만, 그 이면에는 개인을 희생시키는 논리가 숨어 있는 현실이었다. 한국 사회도 마찬가지다. 우리는 '정', '배려', '효도', '존경' 같은 아름다운 말들로 포장된 문화 속에서 살아가지만, 그 아래를 들여다보면 개인의 존엄성을 억압하는 무서운 논리들이 작동하고 있다. '가족을 위해서라면 무엇이든 해야 한다'는 논리로 개인의 꿈과 선택권을 제약하거나, '조직을 위해서'라는 명목으로 개인의 인권을 침해하는 일들이 대표적이다. 효도 문화의 이름으로 자녀들의 인생을 통제하고, 나이 중심의 서열 문화로 젊은 세대의 목소리를 억압하는 것도 같은 맥락이다.

2) 관습이라는 이름의 폭력

광인이 던진 "예전부터 그래왔더라면 옳은 것인가?"라는 질문은 우리 사회의 수많은 관습들에 대한 근본적 의문이다. 남아선호사상, 학벌주의, 연공서열제 등이 모두 "예전부터 그래왔으니까"라는 이유만으로 정당성을 인정받고 있다. 하지만 전통이라는 이름으로, 관례라는 이름으로 당연시되는 것들이 과연 정당한가? 광인이 기억하는 자신의 '죄'는 고작 20년 전 자오영감의 낡은 장부를 발로 찬 것뿐이었다. 하지만 그 하나의 사건으로 인해 온 마을이 적대시한다고 느꼈다. 오늘날에도 조직의 부당한 관행을 비판하거나 가족의 전통적 기대에서 벗어난 선택을 한 사람들이 '배신자'나 '이기적인 인간'으로 낙인찍히는 경우가 그렇다.

3) 우리 안의 공범 의식

광인의 가장 고통스러운 깨달음은 자신도 그 시스템의 일부였다는 사실이었다. "나도 모르는 사이에 누이동생의 살점을 먹었을지도 모른다"는 자기 성찰은 우리에게도 필요하다. 직장 내 괴롭힘을 목격하고도 "나만 아니면 된다"며 외면하는 것, 기득권으로서 누리는 특권을 당연시하면서 그 특권이 다른 누군가의 희생 위에 세워졌다는 사실을 외면하는 것, "원래 그런 거야", "어쩔 수 없어" 같은 말로 부당한 현실을 정당화하며 차별 구조를 재생산하는 것들이 모두 공범 행위다.

4) 진실을 말하는 자의 운명

루쉰의 광인처럼 기존 질서에 의문을 제기하는 사람들은 여전히 '미치광이' 취급을 받는다. 성평등을 주장하면 '과격 페미니스트', 노동자 권익을 옹호하면 '좌파', 환경보호를 강조하면 '극단주의자'라는 낙인이 따라온다.

반대로 전통 가치를 옹호하면 '꼴통 보수', 가족의 소중함을 말하면 '가부장제 옹호자', 국가의 중요성을 강조하면 '극우'로 몰린다. 경제적 자유를 주장하면 '신자유주의자', 개인의 책임을 강조하면 '약자를 외면하는 냉혈한'이 되고, 질서와 안정을 중시하면 '변화를 거부하는 수구세력'으로 치부된다.

결국 진보든 보수든, 상식적인 말을 하는데도 '비정상'으로 몰리는 현실이 반복된다. 과연 누가 정상인가? 부당한 현실을 당연시하며 살아가는 사람들인가, 아니면 그 부당함을 지적하는 사람들인가? 아니면 진짜 문제는 서로 다른 관점을 '미친' 것으로 치부하며 대화 자체를 차단하는 우리의 태도가 아닐까? 루쉰의 광인이 보여준 것처럼, '누가 정상인가?'라는 질문보다 왜 우리는 다른 관점을 가진 사람을 그토록 쉽게 '비정상'으로 만들고 싶어하는지 살펴보는 것이 더 본질적일지도 모른다.

5) "아이들을 구하라!" – 우리 시대의 과제

광인의 마지막 외침 "아이들을 구하라!"는 오늘날 우리에게도 절실한 메시지다. 기성세대는 이미 기존 시스템에 길들어 있지만, 다음 세대만은 다르게 키울 수 있다. 경쟁과 서열이 아닌 협력과 다양성을 가르치고, 권위에 맹목적으로 복종하지 않는 건강한 비판 의식을 심어주며, 개인의 존엄성과 자율성을 존중하는 문화를 만들어가는 것이 우리 시대의 과제다. 광인이 보여준 용기 있는 성찰과 미래에 대한 희망을 이어받아, 우리 안의 보이지 않는 억압 구조들을 해체해나가야 한다.

5. 비평적 조명: 젊은 세대의 각성과 새로운 '광인들'의 등장

루쉰의 광인이 외친 "누가 정말 미친 것인가?"라는 질문은 100년이 지난 오늘날, 한국의 젊은 세대에게 더욱 절실한 화두가 되었다. 워라밸을 주장하면 "요즘 애들은 나약하다"고 하고, 성평등을 말하면 '페미니스트'라는 딱지를 붙이며, 공정성을 요구하면 "철없다"고 몰아가는 이 사회에서, 과연 누가 비정상적인 것일까? 광인처럼 기존 질서에 의문을 제기하는 젊은이들인가, 아니면 그런 합리적 요구를 '이상하다'며 매도하는 기성세대인가?

광인이 역사책에서 "사람을 잡아먹는다"는 글자를 발견했듯이, 오늘날 젊은 세대는 기성세대가 만든 '상식'이라는 이름의 폭력을 목격하고 있다. "밤 12시까지 야근하는 게 당연하지", "회식은 의무야", "상사가 부르면 주말에도 나와야지" 이런 말들이 과연 정상인가? 개인의 시간과 인권을 말살하는 이런 관행들을 '사회생활'이라는 이름으로 포장하며 강요하는 것이야말로 진정한 광기가 아닐까?

더 소름끼치는 것은 이런 부당함을 지적하는 젊은이들을 향한 시선이다. "너 혹시 회사 적응 못하는 거 아니야?", "조직 생활이 뭔지 몰라서 그래", "요즘 애들은 참을성이 없어" 마치 광인을 바라보는 마을 사람들의 시선처럼, 문제를 제기하는 자가 오히려 문제가 있는 사람으로 치부된다. 아무도 야근 문화가 이상하다고 말하지 않는다. 모두가 침묵하며 "원래 그런 거야"라고 체념한다. 그리고 그 부당함을 거부하는 소수를 향해 "네가 이상해"라고 손가락질한다.

이는 연애와 결혼 영역에서도 마찬가지다. "언제 결혼할 거야?", "애는 언제 낳을 거야?", "30 넘어서 혼자 살면 이상한 거야" 개인의 선택권을 무시하고 획일적 인생 공식을 강요하는 이런 압박들이 과연 정상적인가? 결혼을 하지 않거나 아이를 낳지 않겠다는 개인의 결정을 존중하지 못하고, 그런 선택을 한 사람들을 '이기적'이거나 '문제가 있는' 사람으로 몰아가는 사회야말로 병적이다. 광인이 "예전부터 그래왔더라면 옳은 것인가?"라고 물었듯이, 우리도 묻지 않을 수 없다. 과거부터 이어져 온 관습이라고 해서 그것이 영원히 옳은 것인가?

직장 내 위계 문화는 더욱 적나라하다. 나이와 입사년차가 절대적 권력이 되고, 합리적 의견도 "아직 어려서 몰라"라는 한 마디로 묵살된다. 선배의 부당한 지시에 "왜요?"라고 물으면 "선배 말에 토 달지 마"라고 윽박지른다. 이런 전근대적 서열 문화를 '조직 문화'라고 포장하며, 여기에 적응하지 못하는 사람을 '문제적 인물'로 낙인찍는다. 과연 누가 문제인가? 부당한 권위에 순응하라고 강요하는 시스템인가, 아니면 그런 강요를 거부하는 개인인가?

광인이 가장 절망했던 순간은 자신도 그 시스템의 일부였다는 깨달음이었다. 젊은 세대 역시 이런 딜레마를 겪는다. 부당한 현실을 비판하면서도, 어느새 자신도 그 시스템 안에서 살아남기 위해 타협하고 순응한다. 후배에게는 "나도 당했으니까 너도 당해야 해"라는 논리를 펼치고, 더 약한 위치에 있는 사람들에게는 자신이 받은 부당함을 전가한다. 이런 악순환의 고리를 끊지 못하는 자신을 발견할 때의 자괴감은 광인의 그것과 다르지 않다.

하지만 진정한 희망은 이런 자각에서 시작된다. 광인이 "아이들을 구하라!"고 외쳤듯이, 젊은 세대는 다음 세대만큼은 이런 부조리를 물려주지 않겠다는 의지를 보이고 있다. 수직적 조직 문화를 거부하고 수평적 소통을 추구하며, 개인의 다양성을 인정하고 존중하는 새로운 문화를 만들어가고 있다. 기성세대가 '이상하다'고 몰아가는 바로 그 지점에서, 더 인간적이고 합리적인 사회의 가능성을 찾고 있다.

결국 광인의 진정한 의미는 여기에 있다. 모든 사람이 당연시하는 것에 의문을 제기하고, 다수가 옳다고 하는 것을 거부할 용기를 갖는 것. 그리고 그런 용기를 '광기'라고 매도하는 사회야말로 진짜 미쳤다는 것을 깨닫는 것. 한국의 젊은 세대가 기성세대로부터 "요즘 애들은 이상해"라는 말을 들을 때마다, 그들은 루쉰의 광인과 같은 자리에 서 있다. 그리고 바로 그 자리가, 사회 변화가 시작되는 지점이다.

2

억압과 저항의 여성들

▍사회구성원에 대한 문제의식 제기

　1919년 5월 4일, 베이징의 대학생들을 중심으로 일어난 5.4운동은 단순히 정치적 각성에 그치지 않았다. 이 운동은 중국 사회 전반에 근본적인 의식 변화를 가져왔으며, 특히 여성문제에 대한 새로운 시각을 제시했다. 5·4 운동 전후로 중국에서는 처음으로 여성을 독립적 개체로 인식하고, 여성의 권리와 지위에 대한 진지한 논의가 시작되었다. 이러한 변화의 배경에는 서구 문물의 유입과 함께 들어온 새로운 문학 작품들이 있었다. 그중에서도 가장 강력한 충격을 준 것은 노르웨이 극작가 헨릭 입센(Henrik Ibsen)의 『인형의 집 (A Doll's House)』이었다. 이 작품은 마치 폭탄과 같은 효과를 발휘하며 중국 지식인들, 특히 여성들에게 전에 없던 각성을 일으켰다.

1. 5·4 운동과 『인형의 집』의 등장

1) 작품으로서의 의의

『인형의 집』은 1879년 입센에 의해 발표된 희곡으로, 같은 해 12월 21일 코펜하겐의 덴마크 왕립극장에서 초연되었다. 은행가 헬마의 아내 노라를 주인공으로 한 이 작품은 새로운 시대의 여성상을 세상에 보인 혁명적인 이야기였다. 전체 3막으로 구성된 이 희곡은 입센을 일약 세계적인 극작가로 만들었으며, 근대 사회극의 출발점으로 여겨진다.

입센은 이 작품을 통해 당시 부르주아 가정의 어두운 면을 폭로하고, 여성의 독립과 자아실현에 대한 문제를 제기했다. 이는 단순한 개인의 이야기가 아니라 사회 전체의 구조적 문제를 드러내는 사회극이었다. 입센은 가정의 허위와 기만을 통해 사회 전체의 모순을 비판하고, 새로운 인간관계와 사회질서의 필요성을 역설했다.

2) 『인형의 집』 주요 스토리

변호사 토르발 헬메르와 아내 노라는 세 아이와 함께 겉보기에 행복한 생활을 누리고 있다. 토르발은 승진을 앞두고 있고, 노라는 크리스마스 쇼핑을 즐기며 평온해 보인다. 하지만 토르발이 노라를 '작은 종달새', '다람쥐' 같은 애칭으로 부르며 어린아이 취급하는 모습에서 이미 불평등한 부부관계가 드러난다.

이런 평온함은 노라의 옛 친구 크리스티네가 찾아오면서 균열이 생긴다. 노라는 친구에게 자신의 비밀을 털어놓는다. 몇 년 전 남편이 중병에 걸렸을 때 이탈리아 요양이 필요했지만 돈이 없어서, 노라는 비밀리에 크로그스타드에게서 거액을 빌렸고 이때 죽은 아버지의 서명을 위조했다. 그 후 몇 년간 온갖 절약을 하며 남편 몰래 빚을 갚아왔던 것이다.

　문제는 크로그스타드가 토르발의 은행에서 일하고 있었고, 토르발이 그를 해고하려 한다는 점이었다. 궁지에 몰린 크로그스타드는 노라를 협박한다. 해고당하면 노라의 서명 위조와 차용 사실을 남편에게 폭로하겠다는 것이다. 노라는 필사적으로 남편에게 부탁하지만 토르발은 단호히 거절하고, 결국 크로그스타드는 협박편지를 토르발의 우편함에 넣는다.

　토르발이 편지를 읽고 진실을 알게 되자, 노라가 예상했던 반응과는 정반대의 일이 벌어진다. 토르발은 노라의 희생을 이해하기는커녕 '거짓말쟁이', '위선자'라며 비난하고, 자신의 체면만 걱정하며 노라를 아이들 교육에서 배제하겠다고 선언한다. 그런데 뜻밖에 크로그스타드가 옛 연인 크리스티네와 재결합하면서 차용증을 돌려보내고, 위기가 해결되자 토르발은 태도를 바꿔 노라를 용서한다고 말한다.

　하지만 노라는 이미 남편의 진짜 모습을 목격했다. 위기 상황에서 자신을 보호하지 못하고 비난했다가, 위기가 지나자 아무 일 없었다는 듯 행동하는 남편의 이기심과 위선을 깨달은 것이다. 노라는 토르발에게 자신이 평생 아버지와 남편의 인형으로만 살아왔으며, 이제 진정한 자신을 찾고 싶다고 말한다. 토르발의 절실한 만류에도 불구하고, 노라는 결혼반지를 돌려주고 세 아이를 두고 집을 떠난다.

3) 중국에서의 수용과 반향

　『인형의 집』이 중국에 소개되자 지식인들 사이에서 폭발적인 반응이 일어났다. 특히 5·4 운동을 전후한 시기의 중국 여성들에게 이 작품은 계시와도 같았다. 노라의 각성과 해방은 중국 여성들에게 새로운 가능성을 보여주었고, 당시 중국의 진보적 지식인들은 이 작품을 번역하고 상연하며 열띤 토론을 벌였다. 신문과 잡지에는 『인형의 집』에 대한 비평과 감상문이 쏟아져 나왔으며, 많은 여성들이 노라를 자신들의 현실과 비교하며 자신들 역시 '인형'과 같은 삶을 살고 있다는 것을 깨달았다.

『인형의 집』의 도입은 중국에서 본격적인 여성해방 논의를 촉발시켰다. 5·4 운동과 함께 제기된 여성문제는 다음과 같은 여러 차원에서 논의되었다.

- ㉠ **연애의 자유:** 전통적인 중매결혼이 아닌 자유연애의 권리가 주장되었다. 여성도 자신의 배우자를 스스로 선택할 권리가 있다는 인식이 확산되었다.
- ㉡ **결혼 제도의 개혁:** 일부다처제와 같은 봉건적 결혼 제도에 대한 비판이 제기되었다. 남녀평등한 일부일처제의 필요성이 강조되었다.
- ㉢ **가족제도의 변화:** 가부장적 대가족 제도에서 벗어나 핵가족 중심의 새로운 가족 모델이 제시되었다.
- ㉣ **사회활동의 자유:** 여성도 남성과 동등하게 사회 활동에 참여할 권리가 있다는 주장이 힘을 얻었다.
- ㉤ **교육 기회의 확대:** 여성교육의 중요성이 강조되었고, 여성의 대학 진학 권리가 주장되었다.
- ㉥ **전족[1] 폐지:** 여성을 억압하는 상징적 관습인 전족의 폐지가 적극적으로 추진되었다.

---

1) 전족은 어린 소녀나 여성의 발을 인위적으로 묶어 성장하지 못하게 하는 중국의 고대 풍습이다. 문화일보, 「'송원찬 교수의 중국어와 중국 문화' 악습 '전족', 1000년간 여성 괴롭혀」, 2018.03.12.

2. 여성 문제의식 제기 배경: 사회 구성원으로서의 각성

5·4 운동 시기 여성문제의식이 제기된 것은 우연이 아니었다. 이는 여러 사회적 요인들이 복합적으로 작용한 결과였다. 요인은 다음과 같다.

- ㉠ **국가 운명에 대한 위기의식:** 반제국주의 투쟁이 격화되면서 여성도 국가 건설의 주체로 인식되기 시작했다. 반쪽의 인구인 여성이 각성하지 못하면 국가의 미래도 없다는 인식이 확산되었다.
- ㉡ **개인 이익에 대한 자각:** 서구 개인주의 사상의 영향으로 여성도 독립적 개체로서 자신의 이익을 추구할 권리가 있다는 인식이 생겨났다.
- ㉢ **결혼과 연애에 대한 새로운 관점:** 전통적인 정략결혼이 아닌 감정에 기반한 자유로운 결혼에 대한 열망이 커졌다.
- ㉣ **가정 내 지위 변화 요구:** 가정에서도 여성이 독립적 인격체로 인정받아야 한다는 주장이 제기되었다.

1) 문학을 통한 여성의식 표출

『인형의 집』의 충격은 중국 문학에도 큰 변화를 가져왔다. 여성을 주인공으로 한 소설들이 등장하기 시작했고, 여성 작가들도 활발하게 창작 활동을 펼치게 되었다. 이들은 전통적인 여성상에서 벗어나 새로운 시대의 여성상을 그려내려 노력했다. 초기 여성소설들은 주로 전통적 가부장제에 억압받는 여성들의 고통을 그리거나, 새로운 교육을 받은 신여성들의 갈등을 다루었다. 특히 '노라 떠나기'라는 주제는 당시 많은 작가들이 다룬 단골 소재였다.

중국의 진보적 작가들은 『인형의 집』의 노라에서 영감을 받아 중국적 맥락에서의 신여성상을 창조하려 노력했다. 이들이 그린 신여성들은 교육받은 지식인으로서 사회 문제에 관심을 갖고, 개인의 행복뿐만 아니라 사회 개혁에도 적극적으로 참여하는 인물들이었다. 하지만 동시에 이들은 전통과 근대 사이에서 갈등하는 과도기적 존재들이기도 했다. 새로운 이상을 추구하면서도 현실의 벽에 부딪히는 이들의 모습은 당시 중국 여성들의 실제 처지를 반영한 것이었다.

나가륜(罗家伦): 『애정인가 고통인가(是愛情还是苦痛)』
빙신(冰心): 『가을바람 가을비가 애타게 하네(秋风秋雨愁煞人)』

1. 나가륜과 빙심

1) 『애정인가 고통인가』: 작가 소개와 주요 스토리

▶ 작가 소개

나가륜(1897-1969)은 5·4 운동의 핵심 인물로 베이징 대학 학생회 주석을 역임했으며, 신문화 운동에 적극 참여한 교육자이자 작가였다. 여성문제에 깊은 관심을 가지고 있었으며, 『애정인가 고통인가』는 5·4 운동 이후 초기 여성소설의 대표작으로 평가받는다.

▶ 주요 스토리

정숙평(程叔平)과 오소영(吴素瑛)은 17-18세 시절 친구 사이였다. 정숙평은 진보적 사상을 가진 오소영을 매우 숭배하고 따랐다. 오소영은 태도가 엄숙하고 아름다웠을 뿐만 아니라 '자유연애'라는 당시로서는 급진적인 사상을 지니고 있었다. 또한 그녀는 미술과 학문에 진취적이었고 외국 유학의 기회까지 얻을 정도로 신시대 여성의 전형이었다.

정숙평의 비극시간이 흘러 정숙평은 부모의 명령과 중매쟁이의 말에 따라 자신이 원하지 않는 결혼을 하게 된다. 이는 전형적인 봉건 결혼제도의 산물로, 당사자의 의사는 전혀 고려되지 않은 정략결혼이었다. 정숙평은 이러한 결혼으로 인해 깊은 고통에 빠지지만, 전통적 여성으로서 가족의 결정에 순종할 수밖에 없었다.

정숙평이 봉건 가정에 굴복하여 불행한 결혼생활을 시작할 때, 오소영 역시 사랑에서 좌절을 겪는다. 하지만 오소영은 정숙평과는 다른 선택을 한다. 그녀는 개인적 실망에 굴복하지 않고 인생 가치관의 변화를 통해 새로운 길을 찾는다. 오소영은 현모양처라는 전통적 여성상을 뛰어넘는 새로운 인생관을 확립하고, 일생을 미술과 사회교육에 헌신하기로 결심한다.

2) 『가을바람 가을비가 애타게 하네(秋风秋雨愁煞人)』: 작가소개와 주요 스토리

▶ 작가 소개

빙심(冰心, 본명: 谢婉莹, 1900년 10월 5일 ~ 1999년 2월 28일)은 중국 현대문학사의 대표적인 여성 작가이다. 1919년 5·4 운동에 적극 참여하며 문단에 등단했고, 모성애, 동심과 대자연을 찬미하며 '감성'의 작가로 불렸다. 순정과 섬세한 필치로 사회 불평등을 풍자하며, 중국 현대 아동문학의 개척자이자 '사랑과 미'의 문학을 대표하는 인물로 자리잡았다.

또한 빙심은 일생동안 창작을 그치지 않았는데, 모성애, 동심(童心)과 대자연을 한껏 찬미하고, 동시에 사회의 불평등 현상과 서로 다른 계층의 생활을 세밀하게 관찰하여, 순정(純情)과 심오한 필치로 넌지시 드러내고 오묘하게 풍자하여 반영했다.

▶ 주요 스토리

㉠ **여주인공 영운(英云)의 배경:** 영운은 상류사회 출신의 여성으로, 어려서부터 유복한 환경에서 자랐다. 그녀는 태생적으로 유약하고 감상적인 성격을 지니고 있었으며, 현실에 대한 반대의식이 부족했다. 평소 늘 적막하고 공허함을 느끼며 살아가는 인물이었다. 이러한 성격은 단순히 개인적 기질이라기보다는 당시 상류층 여성들이 처한 제약적 환경과 무관하지 않았다.

㉡ **학창시절-각성과 희망의 시기:** 영운이 학교에 입학하여 정식 교육을 받기 시작하면서 그녀의 삶에 큰 변화가 일어났다. 학창시절의 영운은 활발하고 총명하며 재능이 넘치는 여성이었다. 새로운 교육을 통해 그녀는 점차 자아의식을 형성해나갔고, 전통적인 여성의 역할에서 벗어나 근대적 개인으로 성장할 가능성을 보여주었다. 이 시기의 영운은 5·4 운동이 추구했던 이상적인 신여성의 모습을 대표했다. 공부에 열중하며 자신만의 꿈과 미래를 그려나가던 시절이었다.

㉢ **강제 결혼-운명의 전환점:** 그러나 영운의 희망찬 학창시절은 오래 지속되지 못했다. 재학 기간 중, 그녀는 부모의 일방적인 결정에 따라 한 사령관의 아들에게 시집을 가게 되었다. 이는 영운 본인

의 의사와는 전혀 무관한 정략결혼이었다. 부모들은 문벌과 경제적 이익만을 고려하여 이 결혼을 성사시켰고, 영운의 개인적 의지나 감정, 그리고 앞으로의 인생 계획 따위는 전혀 고려되지 않았다. 이 결혼은 단순히 개인적 불행이 아니라 봉건제도가 여성에게 가하는 구조적 억압의 전형적 사례였다.

　결혼식 과정에서부터 영운은 자신이 한 인간이 아닌 하나의 물건처럼 취급당한다는 것을 깨달았다. 새로운 교육을 받고 근대적 의식을 갖게 된 그녀에게 이러한 봉건적 관습은 심리적으로 큰 충격과 답답함을 가져다주었다. 그녀가 꿈꾸던 자유롭고 주체적인 삶과는 정반대의 현실이 눈앞에 펼쳐진 것이다.

ⓔ **학교 복귀-변화된 자신과의 대면:** 결혼 후 학교로 돌아온 영운은 곧 자신이 예전과는 달라졌다는 것을 발견하게 된다. 과거의 활발하고 생기 넘치던 모습은 사라지고, 대신 답답하고 무기력한 자신의 모습을 마주하게 되었다. 결혼생활이 그녀의 정신적 활력을 완전히 빼앗아간 것이다. 영운은 교실에서 수업을 들으면서도 집중할 수 없었고, 친구들과의 대화에서도 예전처럼 적극적으로 참여하지 못했다. 그녀는 자신이 마치 살아있는 시체 같다고 느꼈다. 몸은 학교에 있지만 마음은 이미 죽어버린 것 같았다. 동급생들이 미래에 대한 꿈을 이야기할 때, 영운은 자신에게는 더 이상 그런 꿈이 허용되지 않는다는 현실을 뼈저리게 느꼈다.

ⓓ **내적 갈등과 자기 인식:** 영운은 자신의 처지를 명확히 인식하고 있었다. 그녀는 결혼생활이 자신을 얼마나 불행하게 만들었는지, 그리고 이전의 자유롭던 자신과 현재의 속박된 자신 사이의 거리가

얼마나 큰지를 정확히 알고 있었다. 이러한 자기 인식은 그녀에게 더욱 큰 고통을 안겨주었다. 무지했다면 차라리 견딜 수 있었을 텐데, 깨어있는 의식이 오히려 그녀를 괴롭혔다. 영운은 결혼생활에 대한 깊은 불만을 느꼈다. 남편은 그녀를 이해하려 하지 않았고, 시댁 식구들은 그녀를 단순히 가문을 잇기 위한 도구로만 여겼다. 그녀가 받은 새로운 교육이나 그녀의 개인적 꿈과 포부는 아무도 관심을 갖지 않았다. 영운은 자신이 마치 새장 속의 새처럼 갇혀있다고 느꼈다.

Ⓗ **수동적 수용-체념과 내재화된 절망:** 그러나 영운의 비극은 여기서 끝나지 않았다. 자신의 불행한 상황을 명확히 인식하고 있음에도 불구하고, 그녀는 어떠한 적극적인 반대 의사도 표명하지 않았다. 그녀에게는 현실에 맞서 싸울 용기도, 그럴 만한 구체적 방법도 없었다. 주변에는 그녀를 지지해줄 사람도 없었고, 사회적으로도 여성이 자신의 운명에 반항할 수 있는 통로가 거의 차단되어 있었다. 영운은 점차 자신의 운명을 감상적으로 받아들이기 시작했다. 그녀는 혼자서 끝없이 눈물을 흘리며 내적 고통을 삭였다. 때로는 창 밖을 바라보며 자신의 과거를 그리워했고, 때로는 일기를 쓰며 자신의 감정을 토로했다. 하지만 이 모든 것들은 결국 개인적 차원의 슬픔과 체념에 머물렀을 뿐, 현실을 변화시키는 힘으로는 이어지지 못했다.

Ⓐ **가을의 정서-쇠락과 우울:** 제목에서 암시하듯 작품 전체는 가을의 쓸쓸하고 우울한 정서로 가득하다. 가을바람과 가을비는 영운의 내면 상태를 상징적으로 보여주는 자연적 배경이다. 영운이 자신

의 변화를 깨닫는 것도, 깊은 절망에 빠지는 것도 모두 가을이라는 계절적 배경 속에서 일어난다. 영운은 자주 교정을 혼자 걸으며 떨어지는 낙엽을 바라보았다. 낙엽처럼 자신도 한때는 푸르렀지만 이제는 시들어 떨어지는 신세가 되었다고 느꼈다. 가을비가 내리는 날이면 그녀는 더욱 깊은 우울에 잠겼고, 가을바람이 불 때면 자신의 처량한 신세를 더욱 절실히 느꼈다.

◎ **결말-체념 속의 지속:** 작품은 영운이 자신의 운명을 완전히 체념하며 받아들이는 것으로 끝난다. 그녀는 더 이상 과거의 자유로웠던 시절을 그리워하지도, 미래에 대한 희망을 품지도 않는다. 그저 주어진 현실 속에서 감상적으로 자신의 삶을 이어가기로 결심한다. 이러한 결말은 당시 많은 신여성들이 보여준 한계를 상징적으로 드러내며, 진정한 해방을 위해서는 개인적 각성을 넘어선 사회적 변혁이 필요함을 암시하고 있다.

2. 『애정인가 고통인가』, 『가을바람 가을비가 애타게 하네』: 작품 분석

1) 『애정인가 고통인가』

▶ **정숙평: 봉건제도에 굴복한 여성상**

정숙평은 전통적인 중국 여성의 전형이라 할 수 있다. 그녀는 개인적 의지나 감정보다는 가족과 사회의 기대에 순응하며 살아가는 인물로 그려진다. 작가는 정숙평을 통해 봉건 사회가 여성에게 강요한 수동적 역할과 그로 인한 고통을 부각시킨다.

정숙평의 비극은 단순히 개인적 불행에 그치지 않는다. 그녀의 운명은 수천 년간 중국 여성들이 겪어온 공통된 경험의 상징이다. 자신의 배우자를 선택할 권리도, 자신의 인생을 설계할 자유도 없이 가족과 사회의 결정에 따라 살아가야 하는 여성들의 처지를 대변한다.

▶ 오소영: 신여성의 표본

정숙평과 대조를 이루는 인물이 바로 오소영이다. 오소영은 당시 새롭게 등장한 '신여성'의 전형으로 그려진다. 그녀는 사상적으로 교양이 있고 주관적인 견해를 가진 여성이었다. 17, 18세 때 정숙평은 오소영을 숭배하고 따랐는데, 그녀는 태도가 엄숙하고 아름다웠을 뿐만 아니라 '자유연애'라는 급진적인 사상을 지니고 있었다.

오소영은 또한 미술학문에 대해서도 진취적이고 학문탐구에 열심이었다. 그녀는 심지어 외국 유학의 기회까지 얻을 만큼 새로운 시대의 교육받은 여성이었다. 이는 당시로서는 매우 파격적인 일이었으며, 전통적인 여성상과는 완전히 다른 모습이었다.

2) 『가을바람 가을비가 애타게 하네』

▶ 작품의 감상적 특성

이 작품이 감상적 성격을 띠는 이유는 여러 가지가 있다. 우선 당시의 사회적 기풍이 그러했다. 5·4 운동 이후 급격한 사회 변화 속에서 많은 지식인들이 방향감각을 상실하고 우울감에 빠져 있었다. 또한 여주인공 영운의 유약한 성격도 한 원인이었다. 그녀는 반대의식이 부족하고 유복하게 자란 탓에 늘 적막하고 공허함을 느꼈다.

▶ 수동적 저항의 한계

하지만 영운과 정숙평의 결정적 차이점은 저항 방식에 있다. 정숙평이 아예 저항 의지를 보이지 않았다면, 영운은 최소한 자신의 처지를 인식하고 있었다. 하지만 그녀는 결혼생활의 불만에 대해 어떠한 반대 의사를 표하지 않았고 반항적인 행동 또한 없었다.

영운의 이러한 태도는 당시 많은 신여성들의 한계를 보여준다. 새로운 교육을 받고 자아의식이 있음에도 불구하고, 실제 행동으로 옮기지는 못하는 과도기적 여성상인 것이다. 그녀는 자신의 불행을 인식하지만 그것을 감상적으로 받아들일 뿐, 적극적으로 해결하려 하지 않는다.

3) 두 작품의 비교와 의의

▶ 여성상의 스펙트럼

이 두 작품을 통해 우리는 5·4 운동 이후 중국 문학에 나타난 다양한 여성상의 스펙트럼을 확인할 수 있다. 정숙평(완전한 순응) - 영운(소극적 인식) - 오소영(적극적 대안 추구)로 이어지는 인물 유형은 당시 중국 여성들이 전통 사회에서 근대 사회로 이행하는 과정에서 보인 다양한 대응 방식을 문학적으로 형상화한 것이다.

정숙평은 전통적 여성상의 전형으로, 봉건제도와 유교적 가치관에 완전히 순응하며 개인적 의지를 포기한 상태를 보여준다. 이는 수천 년간 중국 사회를 지배해온 '삼종사덕(三从四德)'[2]와 '칠거지악(七去之惡)'[3]

---

[2] 삼종사덕은 중국 고대 여성에게 요구된 규범으로, 삼종과 사덕을 의미한다. 삼종은 '未嫁从父(시집가기 전에는 아버지를 따라야 함)', '出嫁从夫(시집가서는 남편을 따라야 함)', '夫死从子(남편이 죽으면 아들을 따라야 함)'로 구성된다. 사덕은 '妇德(덕성과 정조를 지켜야 함)', '妇言(말을 조심스럽고 예의 바르게 해야 함)', '妇容(단정하고 정갈한 용모를 갖추어야 함)', '妇功(바느질, 길쌈 등 집안일에 능숙해야 함)'이다. 김희진, 「중국여학생의 스포츠 리터러시 기반 스포츠 향유방식 탐색」, 서울대학교 박사학위논문, 2023, 14-15쪽.

[3] 칠거지악은 남편이 아내를 내쫓을 수 있는 일곱 가지 이유. 즉, 부모에게 불효, 자식을 낳지 못함, 음행

등의 여성 억압적 이데올로기가 내재화된 인물형이다.

영운은 과도기적 여성상으로, 5·4 운동의 계몽주의적 영향을 받아 새로운 의식은 갖게 되었으나 이를 실천에 옮길 용기나 능력이 부족한 상태를 나타낸다. 이는 당시 많은 지식층 여성들이 경험했던 내적 갈등과 현실적 제약을 반영한다. 오소영은 신여성의 이상형으로, 자유연애를 추구하고 자신만의 인생을 개척하는 적극적 여성상이다. 이는 서구의 개인주의와 자유주의 사상이 유입되면서 등장한 새로운 여성 정체성의 모델이었다.

▶ 주제 의식의 심화와 확장

빙심은 5.4운동의 천둥소리가 그녀를 '진(震)'이라는 글자로 창작을 하게 만들었다고 할 정도로[4], 이 시기 여성 작가들의 문학은 단순한 연애담을 넘어서 사회 제도와 여성 문제를 본격적으로 연결시키기 시작했다. 나가륜과 빙심의 작품들은 봉건적 가족제도의 모순과 개인의 자아실현 사이의 갈등을 예리하게 포착했으며, 이를 통해 당시 사회의 구조적 문제를 문학적으로 형상화했다.

이들 작품에서 주목할 점은 전통적 여성상과 신여성상을 대비시켜 독자들에게 선택의 가능성을 제시했다는 것이다. 이는 5·4 운동이 추구했던 '개성해방'과 '부녀해방'의 이념이 문학적으로 구현된 것으로 볼 수 있다.

(淫), 질투, 악질, 말이 많음, 도둑질을 가리킨다.
4) 빙심이 5·4 운동의 영향을 표현한 은유적 언설이다. '진(震)'은 천둥이나 지진 같은 큰 충격을 의미하는 한자로, 빙심은 5·4 운동이 자신에게 준 정신적 충격을 천둥소리에 비유했다.즉, 5·4 운동이라는 시대적 격변이 그녀를 기존의 온순하고 감상적인 글쓰기에서 벗어나 사회 현실에 대한 날카로운 비판 의식을 담은 작품을 창작하게 만들었다는 의미이다.

㉠ **표현 기법의 혁신과 발전:** 당시 협화여자대학이 연경대학에 합병되자, 빙심은 청년학생의 신분으로 당시에 이름이 난 문학연구회에 가입했다는 사실에서 볼 수 있듯이, 이 시기 여성 작가들은 적극적으로 문학 운동에 참여하며 서구 문학의 기법을 도입했다. 특히 심리묘사와 내적 독백, 의식의 흐름 등 근대적 서사 기법을 활용하여 여성 인물의 내면세계를 보다 정교하게 형상화할 수 있게 되었다.

㉡ **사회적 영향과 계몽적 기능:** 이들 작품은 문학을 통해 여성 문제에 대한 사회적 관심을 환기시키는 중요한 역할을 했다. 특히 신문과 잡지 등 대중 매체를 통해 유통되면서 광범위한 독자층에게 새로운 여성상과 가치관을 제시했다. 이는 5·4 운동이 추구했던 사회 계몽의 목표와 부합하는 것이었다.

루쉰이 말해준 양성평등의 기호

1. 해방의 허상과 『노라가 집을 나간 후(娜拉走后怎样)』

1) 5·4 시기 여성소설의 한계

5·4 운동 이후 중국에서 등장한 초기 여성소설들은 분명히 진보적 의의를 가지고 있었다. 『인형의 집』의 충격을 받아 여성 해방에 대한 새로운 인식을 제시했고, 봉건적 결혼 제도와 가족 제도를 비판했으며,

여성의 독립적 인격을 주장했다. 하지만 이러한 성과에도 불구하고 당시 여성소설들은 근본적인 한계를 가지고 있었다.

▶ **이상주의적 접근의 한계**

㉠ **관념적 해방론:** 초기 여성소설들은 주로 의식 각성의 중요성을 강조했다. 나가륜의 『애정인가 고통인가』에서 오소영이 보여준 자유연애 사상이나, 빙심의 작품에서 나타나는 여성의 내면 성찰 등이 그 예이다. 하지만 이러한 접근은 의식 변화만으로 현실 문제를 해결할 수 있다는 관념적 사고에 머물렀다. 의식 각성은 분명 중요한 첫걸음이었지만, 그것만으로는 여성의 실질적 해방을 보장할 수 없었다. 오소영이 미술과 교육에 헌신하겠다고 결심한 것은 아름다운 이상이었지만, 그녀가 실제로 어떻게 경제적 기반을 마련하고 사회적 편견을 극복할 것인지에 대한 구체적 방안은 제시되지 않았다.

㉡ **계층적 한계:** 당시 여성소설의 주인공들은 대부분 중상류층 출신이었다. 정숙평이나 영운, 오소영 모두 교육받은 지식인 가정 출신이거나 경제적으로 여유가 있는 계층이었다. 이들의 고민은 주로 정신적, 감정적 차원의 문제였으며, 생존 자체가 위협받는 하층 여성들의 현실과는 거리가 있었다. 광대한 농촌 지역의 여성들, 도시 빈민층 여성들의 문제는 거의 다루어지지 않았다. 이들에게는 자유연애나 개성 발현 같은 문제보다는 일단 생존과 기본적 인권 보장이 더 절실한 문제였다.

㉢ **현실성 부족:** 구체적 해결책의 부재많은 작품들이 문제 제기에는

훌륭했지만, 실제적 해결책 제시에는 미흡했다. 봉건 제도를 비판하고 여성의 독립을 주장했지만, 그렇다면 여성이 어떻게 경제적으로 자립할 것인지, 사회적 편견을 어떻게 극복할 것인지에 대한 구체적 방안은 제시하지 못했다. 특히 빙심의 『가을바람 가을비가 애타게 하네』에서 영운이 보여준 것처럼, 문제를 인식하면서도 적극적 행동을 취하지 못하는 수동적 태도는 당시 여성소설의 한계를 상징적으로 보여준다.

ⓔ **감상주의적 경향:** 빙심으로 대표되는 감상적 여성문학은 여성의 내면 세계를 섬세하게 그려내는 데는 성공했지만, 현실 변화를 위한 실천 의지는 부족했다. 아름다운 감정과 고상한 이상에 머물러 있었을 뿐, 현실의 벽을 뚫고 나가려는 의지력은 약했다.

2) 루쉰의 날카로운 비판: 『노라가 집을 나간 후(娜拉走后怎样)』

▶ **배경과 문제 제기**

1923년 12월 26일 베이징 여자사범대학에서 행한 강연에서 루쉰은 당시 여성 해방론의 근본적 문제점을 신랄하게 비판했다. 이는 빙심과 같은 여성 작가들이 보여준 감상적 여성문학의 한계를 가장 예리하게 지적한 것으로 평가된다.

▶ **선택의 자유란 무엇인가**

루쉰은 입센의 『바다에서 온 여인(The Lady from the Sea)』을 예로 들어 진정한 자유의 조건을 설명했다. 이미 결혼한 여주인공에게 옛 애인이 나타나 함께 떠나자고 제안한다. 하지만 이 여인이 남편에게 이 사실을 말하자, 남편은 놀랍게도 그녀에게 완전한 선택의 자유를 준다.

"나는 지금 당신에게 완전한 자유를 주겠소. (떠나든 말든) 당신 자신에게 달렸고, 그 책임도 당신이 져야 하오."

이렇게 되자 사태는 완전히 변하여 그 여인은 나가지 않기로 결정한다. 루쉰은 이를 통해 "노라 역시 그러한 자유를 얻었다면 집을 나가지 않고 살았을지도 모른다"고 지적한다.

▶ 강요된 선택 vs 진정한 선택

루쉰의 핵심 통찰은 노라가 집을 나간 것이 진정한 자유 의지가 아니라 견딜 수 없는 억압에서 벗어나려는 절망적 선택이었다는 점이다. 반면 『바다에서 온 여인』의 주인공은 진정한 선택의 기회를 얻었기 때문에 오히려 현재의 삶을 선택할 수 있었다.

▶ 노라의 현실적 딜레마

"노라에게는 두 가지 길밖에 없다고 할 수 있지요. 타락하거나 집으로 돌아오는 길입니다."

루쉰은 새장에서 나온 새의 비유를 통해 이를 설명한다. 새장 안에서는 자유가 없었지만, 밖으로 나와 보니 온갖 위험이 도사리고 있다. 새장 속에 오래 갇혀 있었기 때문에 날개가 굳어 날 힘도, 나는 법도 잊어버렸다면 바깥세상에서 도무지 살아갈 길이 없다.

▶ 각성의 한계

"그녀는 각성한 마음 이외에 또 무엇을 지니고 나갔는가? 만일 지닌 것이 여러분이 가지고 있는 것과 같은 빨간 털 목도리 하나뿐이라면, 그 넓이가 두 자이건 석 자이건 아무 소용이 없습니다."

루쉰은 의식 각성만으로는 현실 문제를 해결할 수 없다고 날카롭게 지적한다. 아무리 높은 이상과 올바른 인식을 가져도, 경제적 기반이 없으면 결국 타락하거나 다시 돌아갈 수밖에 없다.

3) 경제적 독립의 절대적 중요성

▶ 파격적 현실 인식

"그녀는 더욱 부유해야 하고, 가방 속에 준비가 되어 있어야 하며, 솔직히 말하면 돈이 있어야 한다. 꿈은 좋다. 그러나 그렇지 않다면, 돈이 중요하다."

이는 당시로서는 매우 파격적인 주장이었다. 고상한 이상과 정신적 가치를 중시하던 지식인들에게 '돈'의 필요성을 직설적으로 언급한 것이다.

▶ 위선에 대한 비판

"'돈'이란 말은 매우 듣기 거북하고, 고상한 군자들의 비웃음을 살지

도 모르겠습니다. 하지만 저는 사람들의 의견이 어제와 오늘뿐만 아니라 식전과 식후에도 왕왕 다르다고 생각합니다. 무릇 밥은 돈을 주고 사 먹어야 한다는 것을 인정하면서도 돈 이야기를 비천하다고 하는 자들의 배를 눌러 보면, 그 속에는 틀림없이 아직 소화되지 않은 고기와 생선이 남아있을 것입니다."

루쉰은 경제적 여유가 있는 지식인들이 돈 이야기를 기피하는 위선을 신랄하게 비판한다. 배불리 먹고 사는 사람들이 가난한 사람들에게 정신적 가치만을 강조하는 것은 위선이라는 것이다.

4) 구체적 해결책 제시

▶ 경제권의 중요성

"노라를 위해서는 돈, 고상한 말로 경제가 제일 중요합니다. 자유는 물론 돈으로 살 수 없습니다. 하지만 돈에 팔릴 수는 있습니다. 인간에게는 한 가지 큰 결점이 있지요. 자주 배가 고픈 것입니다. 이 결점을 보완하려면, 그리고 인형이 되지 않으려면 오늘날 사회에서 경제권이 제일 중요합니다."

▶ 실천적 방안

"따라서 첫째는 가정에서 남녀간에 균등한 분배가 이루어져야 합니다. 둘째로는 사회에서 남녀간 동등한 힘을 지녀야 합니다."

루쉰은 단순히 문제를 지적하는데 그치지 않고 구체적 해결 방안을 제시한다.

㉠ 가정 내에서의 경제적 평등[5]
㉡ 사회에서의 동등한 경제적 힘[6]

▶ 꿈의 가치와 한계

"인생에서 가장 고통스러운 것은 꿈에서 깨어났을 때 갈 길이 없는 것입니다. 꿈을 꾸고 있는 사람은 행복합니다. 아직 갈 길을 발견하지 못했다면, 제일 중요한 것은 그를 꿈에서 깨우지 않는 것입니다."

루쉰은 이상과 꿈이 지니는 본질적 가치를 부정하지 않으면서도, 이들이 현실 변화를 이끌어내는 데 있어서는 명백한 한계를 가지고 있음을 예리하게 통찰하였다. 그는 인간에게 있어 꿈과 이상이 삶의 동력이자 희망의 근원으로서 반드시 필요한 요소임을 인정하였다. 그러나 동시에 이러한 정신적 지향만으로는 구체적인 사회 변혁이나 개인적 해방을 성취하기에 충분하지 않다는 현실주의적 관점을 견지하였다.

그래서 루쉰이 강조한 것은 이상에 대한 추구와 병행하여 현실적 준비가 수반되어야 한다는 점이었다. 그는 의식의 각성이 중요하지만, 이

---

5) 루쉰은 『노라가 집을 나간 후』에서 노라가 가정을 떠났지만 경제적 기반이 없어 결국 타락하거나 돌아갈 수밖에 없다고 지적하면서, 여성 해방의 전제조건으로 가정 내에서부터 경제적 자립권을 확보해야 한다고 강조했다. 김영숙, 「'노라 열'의 심층 문화 심리 연구: 문화 번역의 각도에서 본 중국의 초기 입센 수용의 한 측면」, 『탈경계인문학』 제7권 제2호, 이화여대 인문과학연구소, 2014, 121-148, 127쪽.
6) 「루쉰 소설의 페미니즘적 해석에 대한 재검토」논문은 루쉰의 산문이 경제권의 보장과 더불어 여성의 사회적 지위 및 남녀평등 문제를 함께 논의했다고 분석한다. 전형준, 「루쉰 소설의 페미니즘적 해석에 대한 재검토」, 『동아문화』 제51집, 2013, 71-87쪽.

것이 경제적 독립을 위한 구체적이고 실질적인 준비와 결합될 때 비로소 진정한 변화의 동력이 될 수 있다고 보았다. 이는 단순한 정신적 계몽을 넘어서, 물질적 기반을 확보하는 실용적 접근의 필요성을 역설한 것이다.

더 나아가 루쉰은 변화의 방법론에 있어서도 현실적 접근을 취하였다. 그는 급진적이고 갑작스러운 변화보다는 점진적이면서도 실질적인 변화가 더욱 효과적이며 지속가능하다고 판단하였다. 이러한 관점은 이상주의적 열정과 현실주의적 냉철함을 균형 있게 결합한 루쉰 특유의 사회 개혁 철학을 보여주는 것이라 할 수 있다.

2. 중국의 성평등 딜레마: 혁명과 전통 사이의 미완성된 과제

중국의 성평등 현실은 하나의 역설로 요약된다. 1949년 신중국 건국 이후 세계에서 가장 급진적인 여성해방 정책을 추진했던 중국이 현재 세계경제포럼의 글로벌 성격차 지수에서 146개국 중 106위라는 한국(94위)보다도 낮은 순위를 기록하고 있는 것이다.[7] 이러한 현상을 이해하기 위해서는 중국이 겪어온 성평등 정책의 역사적 궤적과 그 과정에서 나타난 구조적 모순을 분석해야 한다.

중국 전통사회에서 여성의 지위는 삼종사덕 사상에 의해 철저히 규정되었다. 한나라 때 반소(班昭)가 『여계(女誡)』의 부행(婦行)편에서 체계화한 이 이념은 여성이 평생에 걸쳐 아버지, 남편, 아들에게 순종해야 한다는 삼종과 부덕·부언·부용·부공이라는 네 가지 덕목을 강요했다.

---

7) 세계경제포럼(WEF), 「Global Gender Gap Report 2024」, 2024년 06월 발표.

이는 단순한 도덕적 규범이 아니라 여성을 법적·경제적·사회적으로 완전히 종속시키는 체계적 억압 장치였다. "여자에게 재능이 없는 것이 곧 덕이다(女子无才便是德)"이라는 말이 상징하듯 여성에게는 교육 기회가 차단되었고, '남녀유별(男女有別)' 사상에 따라 사회 활동은 극도로 제한되었다. 전족이라는 극단적 관습은 이러한 억압이 어떻게 여성의 몸까지 지배했는지를 보여주는 대표적 사례이다. 체계화한 이 이념은 여성이 평생에 걸쳐 아버지, 남편, 아들에게 순종해야 한다는 삼종과 부덕·부언·부용·부공이라는 네 가지 덕목을 강요했다. 이는 단순한 도덕적 규범이 아니라 여성을 법적·경제적·사회적으로 완전히 종속시키는 체계적 억압 장치였다. '여자무재편시덕(女子无才便是德)'이라는 말이 상징하듯 여성에게는 교육 기회가 차단되었고, '남녀유별' 사상에 따라 사회 활동은 극도로 제한되었다. 전족이라는 극단적 관습은 이러한 억압이 어떻게 여성의 몸까지 지배했는지를 보여주는 대표적 사례이다.

 1949년 신중국 건국과 함께 이러한 전통적 성 질서는 혁명적 변화를 맞았다. 마오쩌둥의 '여성이 하늘의 절반을 떠받친다(妇女能顶半边天)' 여성이 하늘의 절반을 떠받친다는 선언은 단순한 구호가 아니라 근본적인 사회 개조의 의지를 담고 있었다. 마오쩌둥이 여성해방을 추진한 이유는 복합적이었다. 마르크스-레닌주의 이념에 따른 계급해방의 일환이기도 했지만, 급속한 산업화를 위한 노동력 확보, 봉건 사회와의 단절을 통한 정치적 정당성 확보, 그리고 국제사회에서의 문명국 이미지 구축이라는 현실적 필요도 작용했다. 1950년 제정된 신혼인법은 이러한 변화를 법제화한 혁명적 조치였다. 자유연애와 자유결혼, 일부일처제, 남녀평등, 자유이혼을 핵심 원칙으로 하는 이 법은 수천 년간 지속된 봉건적 혼인 제도를 하루아침에 뒤바꾸었다. 그 결과 1950년대 초 전국적으로 수백만 건의 이혼 신청이 접수되었는데, 대부분이 강제 결혼과 폭력적 가부장제에서 벗어나려는 여성들에 의한 것이었다. 이는 법적 변화가 얼마나 강력한 사회적 파급효과를 가져올 수 있는지를 보여주는 역사적 사례이다.

더욱 급진적인 변화는 1958년 대약진(大跃进) 운동과 함께 도입된 인민공사(人民公社)[8] 체제에서 나타났다. 인민공사는 집단식당, 집단 육아소, 집단 세탁소 등을 통해 전통적으로 여성의 몫이었던 가사노동을 사회화했다. 이는 여성들이 가정에서 해방되어 생산 활동에 참여할 수 있게 하는 구조적 변화였다. 동시에 여성들도 남성과 동등하게 노동점수(劳动分数)를 받고 분배에 참여하면서 역사상 처음으로 경제적 독립성을 확보했다. 이 과정에서 전통적으로 절대적이었던 가장(家长)의 권위는 크게 약화되었고, 여성들은 농업뿐만 아니라 공업, 건설업까지 활동 영역을 확대하며 정치적 발언권도 획득했다.

그러나 1978년 개혁개방이 시작되면서 상황은 다시 복잡해졌다. 시장경제 체제 도입은 여성에게 이중적 영향을 미쳤다. 한편으로는 사영기업과 외자기업에서 새로운 고용 기회가 늘어나고 서비스업, 금융업 등 다양한 분야로 진출이 확대되었다. 시장에서는 성별보다 능력이 중요해지는 측면도 있었다. 하지만 다른 한편으로는 1980년대 후반부터 "여성은 가정으로 돌아가야 한다"는 귀가론(回家论)이 등장했다. 국유기업 개혁으로 인한 대량 실업, 전통 문화에 대한 재평가, 서구의 가정 중심 여성상 유입 등이 복합적으로 작용한 결과였다. 시장경제는 또한 고용 차별 심화, 임금 격차 확대, 승진 장벽 등 새로운 형태의 성 불평등을 만들어냈다.

현재 중국의 성평등 현황은 이러한 역사적 경험의 복합적 결과물이

---

8) 인민공사는 1958년 중국 공산당이 농업 집단화와 사회주의 건설을 목표로 도입한 대규모 집단농장 및 행정·경제 조직이다.

다. 객관적 지표를 보면 여성 노동 참가율은 약 63%로 세계 평균보다 높고[9], 대학 진학률에서는 여성이 남성을 앞서고 있다. 전국인민대표대회(全国人民代表大会) 여성 대표 비율도 약 25%에 달한다. 하지만 남성 대비 여성 임금은 여전히 30% 수준에 머물러 있고, 성급(省級) 이상 고위직 여성 비율은 10%에도 못 미친다.[10] 더 심각한 것은 2016년 이후 다자녀정책(多子政策)으로 인해 출산과 경력 사이의 딜레마가 심화되고 있다는 점이다.[11] 많은 기업들이 가임기 여성 채용을 기피하고, 여성들은 하루 평균 가사노동 시간이 남성의 2-3배에 달하는 이중부담을 지고 있다.

특히 주목할 점은 세대 간 차이와 지역 간 격차이다. 90년대 이후 출생자(九零后), 00년대 이후 출생자(零零后) 세대는 성평등 의식이 높고 개인의 선택을 중시하는 반면, 60후(六零后) 이전 세대는 여전히 전통적 성역할에 대한 인식이 강하다. 베이징, 상하이 등 대도시에서는 성평등 수준이 상대적으로 높지만 농촌 지역에서는 전통적 성 관념이 강하게 잔존하고 있다. 2020년 기준 출생 성비가 (여성 100명 당 남성 수) 111.3으로 정상 범위를 크게 벗어나는 것도 남아선호사상이 여전히 뿌리 깊다는 것을 보여준다.[12]

중국정부는 2021년 여성권익보장법(妇女权益保障法) 개정, 가정폭력방지법(家庭暴力防治法) 제정, 성평등 교육 확대 등 다양한 노력을 기울이고 있지만, 법 제도와 실제 현실 사이의 괴리는 여전히 크다. 경제적 압박으로 인해 성평등 정책이 후순위로 밀리는 경우도 많다. 결국 중국

---

9) 유명, 「노동시장의 성 불평등, 중국은 어떻게 대응하고 있는가?」, 『국제사회보장리뷰』 2018년 여름호 (통권 5호), pp142-148, 한국보건사회연구원, 2018, 142쪽.
10) 동아일보. 「中 코로나 이후 남녀 임금 격차 30% 확대」, 2024.04.11.
11) 호몽요, 이주희. 「중국의 두 자녀 정책이 고용상의 성차별에 미친 영향」, 『젠더와 문화』 2023, vol.16, no.1, pp, 117-152, 계명대학교 여성학연구소, 2023, 139-143쪽 참조
12) 연합뉴스. 「중국, 60년 만에 남성 인구 감소… "성비 불균형 해소 과정"」, 2022.03.02.

의 성평등 현실은 '미완의 혁명'이라고 할 수 있다. 1949년 이후 법적으로는 세계에서 가장 진보적인 성평등 정책을 펼쳤지만, 수천 년간 축적된 전통적 성 관념을 완전히 뿌리뽑지는 못했다. 마오쩌둥 시대의 급진적 평등주의는 여성의 사회 참여를 크게 확대했지만, 개혁개방 이후 시장경제로의 전환은 새로운 형태의 성 불평등을 만들어냈다. 현재 중국은 전통과 현대, 집단주의와 개인주의, 국가 주도와 시장 자율 사이에서 새로운 균형점을 찾아가고 있다. 중국의 성평등이 한국보다 낮은 수준에 머물러 있는 것은 이러한 복합적 요인들이 작용한 결과이며, 향후 발전 방향은 중국 사회가 전통과 현대성을 어떻게 조화시켜 나가느냐에 달려 있다고 할 수 있다.

3. 『노라가 집을 나간 후』가 현대 한국사회에 던지는 메시지: 여성 해방의 핵심 기호는 무엇인가?

1) 100년 전 통찰의 현재적 유효성

루쉰이 제기한 관념적 여성해방론 비판은 현대에도 반복되고 있으며, 경제적 독립의 중요성은 현대 여성들이 직면한 구조적 딜레마를 이해하는 핵심이다. 현대 한국 사회의 여성문제 논의에서도 루쉰이 지적한 관념적 접근의 한계가 반복적으로 나타나고 있다. 많은 담론들이 의식 개혁, 인식 변화, 성평등 이념의 확산에 중점을 두면서도 여성들이 실제로 직면하는 경제적 현실과 구조적 제약에 대해서는 상대적으로 소홀히 다루는 경향을 보인다. 이는 루쉰이 100년 전에 비판한 "각성한 마음 이외에 또 무엇을 지니고 나갔는가"라는 문제의식과 정확히 일치한다.

특히 한국 사회에서 여성 인권과 성평등에 대한 담론이 활발해지고 있음에도 불구하고, 실제 통계는 여전히 성별 임금 격차, 경력단절, 관리직 진출의 어려움 등 구조적 불평등이 지속되고 있음을 보여준다. 이는 의식 변화만으로는 현실적 변화가 담보되지 않는다는 루쉰의 통찰이 현재에도 적용됨을 입증한다.

2) 현대적 '노라들'의 딜레마: 경제적 독립의 구조적 제약

현대 한국 사회에서 가장 대표적인 '노라의 딜레마'는 경력단절 여성들의 문제이다. 많은 여성들이 출산과 육아로 인해 경력을 중단하게 되고, 이후 노동시장으로 복귀할 때 현저히 불리한 조건에 직면한다. 이들은 루쉰이 묘사한 '새장에서 나온 새'와 같은 상황에 처한다. 가정이라는 보호된 공간을 벗어나고자 하지만, 오랜 경력단절로 인해 경쟁력을 상실한 상태에서 경제적 자립은 매우 어려운 과제가 된다.

이러한 경력단절의 배경에는 일-가정 양립의 이중부담이 있다. 현대 젊은 여성들이 직면하는 딜레마는 직장에서의 성취와 가정에서의 역할 사이의 선택 압박이다. 사회적으로는 여성의 사회참여가 권장되지만, 실제로는 육아와 가사의 일차적 책임이 여전히 여성에게 부과되는 모순적 상황이다. 이는 여성들로 하여금 경력을 포기하거나 출산을 기피하는 극단적 선택을 강요하는 결과를 낳는다.

설령 이러한 어려움을 극복하고 독립적 삶을 추구하려 해도 현실적 제약이 따른다. 많은 젊은 여성들이 경제적 독립과 자율적 삶을 원하지만, 현실적으로는 주거비, 생활비 등의 경제적 부담과 불안정한 고용 환경으로 인해 어려움을 겪고 있다. 특히 비정규직의 비율이 높고, 동일한 업무에 대한 성별 임금 격차가 존재하는 상황에서 여성들의 경제적 독립은 구조적으로 제약받고 있다. 이는 단순히 개인의 선택이나 능력의 문제가 아니라, 육아와 가사노동이 여전히 여성에게 집중되어 있는 사회구조적 문제이다. 루쉰이 강조한 '가정에서 남녀간에 균등한 분배'와 '사회에서 남녀간 동등한 힘'이 여전히 실현되지 않고 있는 현실을 반영한다.

3) 현대적 해결책: 루쉰의 제안을 넘어서

루쉰의 가장 중요한 기여는 관념적 이상주의와 냉소적 현실주의 모두를 극복하는 변증법적 사고를 제시한 것이다. 현대 여성문제 해결에서도 이러한 접근이 필요하다. 성평등이라는 이상을 포기하지 않으면서도, 그 실현을 위한 현실적 조건들을 치밀하게 분석하고 구체적 방안을 모색해야 한다. 이는 여성들이 직면한 문제를 개인의 능력이나 선택의 문제로 환원하지 않고 사회구조적 맥락에서 이해하되, 동시에 개인의 주체적 실천과 결합시키는 것을 의미한다.

이러한 관점에서 교육과 직업 기회의 실질적 확대가 필요하다. 이는 단순히 양적 확대가 아니라 질적 개선을 의미한다. 여성들이 전문성을 기를 수 있는 교육 기회를 확대하고, 성별에 관계없이 능력에 따라 평가받을 수 있는 공정한 채용과 승진 시스템을 구축해야 한다. 특히 4차 산업혁명 시대에 새롭게 등장하는 직업 분야에서 여성들의 참여를 적극 장려하고, 이를 위한 재교육과 직업훈련 기회를 제공하는 것이 중요하다.

개인 차원의 노력만으로는 해결할 수 없는 구조적 문제에 대해서는 사회적 분담 체계가 구축되어야 한다. 공공보육시설의 확충, 육아휴직

제도의 실질적 보장, 아버지의 육아참여를 독려하는 제도적 장치 등이 필요하다. 육아와 가사가 개별 가정의 문제가 아니라 사회 전체가 분담해야 할 과제라는 인식의 전환이 필요하다. 성별 임금 격차 해소, 승진에서의 차별 금지, 임신과 출산으로 인한 불이익 방지 등 노동시장에서의 실질적 성평등이 이루어져야 한다. 이를 위해서는 단순히 법적 금지 조항을 두는 것을 넘어서, 실효성 있는 감시와 제재 시스템이 구축되어야 한다. 동시에 여성들이 경제적 독립을 추구할 때 겪는 위험을 줄이기 위한 사회적 안전망이 필요하다. 실업급여, 의료보장, 주거지원 등의 사회보장제도가 강화되어야 하며, 특히 경력단절 여성들의 재취업을 지원하는 프로그램이 체계적으로 운영되어야 한다.

그러나 이러한 법적, 제도적 변화와 사회적 지원 체계 구축 못지않게 중요한 것은 개인의 인식 변화이다. 성역할에 대한 고정관념, 여성의 능력과 역할에 대한 편견, 돌봄과 가사노동에 대한 성별 고정관념 등을 극복하는 개인적 차원의 의식 전환이 선행되어야 한다. 이는 여성 스스로가 자신의 권리와 능력에 대한 확신을 갖는 것뿐만 아니라, 남성들 역시 성평등의 필요성을 인식하고 실천하는 것을 포함한다. 이러한 개인적 인식 변화와 법적, 사회적 차원의 제도 개선이 상호 보완적으로 작용할 때, 교육, 제도, 문화, 경제 등 다양한 영역에서의 점진적이지만 지속가능한 변화가 가능하다. 루쉰이 『노라가 집을 나간 후』에서 제기한 '진정한 자유란 무엇인가?', '의식의 각성과 현실적 조건 사이의 간극을 어떻게 메울 것인가?', '개인의 해방과 사회구조의 변화를 어떻게 연결할 것인가?'라는 근본적 질문들은 현재에도 유효하다. 이러한 질문들은 100년 전 중국 여성들만의 문제가 아니라, 모든 시대 모든 사회의 구조적 약자들이 직면하는 보편적 딜레마이다. 의식의 각성만으로는 한계가 있지만, 그렇다고 현실에 굴복할 수도 없다는 루쉰의 명제는 오늘날에도 여성문제뿐만 아니라 모든 사회적 약자의 해방을 위한 근본적 지침으로서의 가치를 지니고 있다. 따라서 현대 사회가 직면한 성평등 과제는 루쉰의 통찰을 현대적으로 재해석하고 구체화하는 과정이라고 할 수 있다.

4. 비평적 조명: 양성평등을 넘어 상호존중으로

나가륜의 『애정인가 고통인가』부터 루쉰의 『노라가 집을 떠난후』까지, 그리고 중국의 성평등 역사를 통해 우리는 성평등이라는 이상이 얼마나 복잡하고 다층적인 문제인지 확인할 수 있었다. 100여 년에 걸친 이 긴 여정은 단순한 법적 평등이나 제도적 개선만으로는 진정한 성평등을 달성할 수 없다는 것을 보여준다. 이제 우리는 더 근본적인 질문에 직면한다. 과연 우리가 추구해야 할 것은 '양성평등'인가, 아니면 그보다 더 성숙하고 현실적인 '상호존중'인가?

현재 한국 사회는 성평등을 둘러싼 격렬한 논쟁의 한복판에 있다. 2016년 강남역 살인사건[13]을 계기로 촉발된 페미니즘 리부트, #MeToo 운동의 확산, 그리고 이에 대한 반작용까지, 우리 사회는 그 어느 때보다 성별 갈등이 첨예한 상황이다. 2021년 서울시장 보궐선거와 2022년 대선, 2025 대선에서 2030세대의 남성과 여성의 후보 지지율이 정반대로 나타난 것[14]은 이러한 갈등의 상징적 사건이었다. 실

---

13) 2016년 강남역 살인사건은 김성민(34세)이 2016년 5월 17일 새벽에 서울특별시 서초구 서초동의 남녀공용 화장실에서 불특정 여성 하모(23세)를 칼로 찔러 살해한 사건이다.
14) 한겨레. 「20대 여성 가장 진보적 투표 −20대 남성은 반대… 왜 갈렸나?」, 2021.04.08, 시사인. 「20대 남녀 투표, 이 지점에서 극명히 갈렸다」, 2022.04.04, 시사인. 「2030 이준석·김문수 투표자는 무엇이 달랐나」, 2025.07.02 세개의 기사를 참고.

제로 젊은 여성들은 직장에서의 유리천장, 임신과 출산으로 인한 경력 단절, 데이트 폭력과 스토킹 등 일상적 위험에 노출되어 있다. 반면 젊은 남성들은 취업 경쟁에서 여성 우대 정책으로 인한 역차별 인식, 군복무로 인한 기회비용, 경제적 부담에 대한 사회적 기대 등으로 박탈감을 느끼고 있다.

이러한 현실에서 우리가 먼저 직시해야 할 것은 현재 진행되고 있는 많은 성평등 논의가 위선적 요소를 포함하고 있다는 점이다. 루쉰이 100년 전에 지적했듯이, "배 속에 아직 소화되지 않은 고기와 생선이 남아있으면서 돈 소리하는 것을 비천하다"고 하는 위선은 오늘날에도 반복되고 있다. 대표적인 예로는 여성의 사회 진출을 지지한다고 말하면서도 정작 자신의 가족에게는 전통적 역할을 기대하는 모순이 있다. 남녀평등을 주장하면서도 군복무나 경제적 부담, 위험한 업무에서는 선택적 평등주의를 보이는 이중 잣대도 마찬가지다.

더 근본적인 문제는 현재의 성평등 담론이 남녀의 생물학적, 사회적 차이를 인정하지 않거나 심지어 부정하려는 경향을 보인다는 점이다. 남성과 여성이 신체적, 심리적, 사회적 측면에서 일정한 차이를 보이는 것은 부인할 수 없는 현실이다. 이러한 차이를 무시하고 획일적 평등을 강요하는 것은 오히려 새로운 형태의 억압이 될 수 있다. 2018년 이후 한국에서 벌어진 젊은 남성들의 '역차별' 인식도 이런 맥락에서 이해할 필요가 있다. 대학 입학에서 여학생 비율이 남학생을 앞서고, 일부 공공기관에서 여성 할당제가 확대되는 상황에서 젊은 남성들이 느끼는 상대적 박탈감을 단순히 진보적 사회 변화에 대한 반발인 '백래시(Backlash)[15]'로 규정하고 무시하는 것은 문제 해결에 도움이 되지 않는

---

15) 백래시는 진보적 사회 변화에 대한 반발과 여성학에서는 성평등 정책에 대한 남성들의 반발 현상을 지칭한다. 수전 팔루디(Susan Faludi)의 『백래시』(1991)에서 이론화되었다.

다.

　한국 사회의 또 다른 특수성은 여전히 강력하게 잔존하는 유교적 가족주의와 급속한 개인주의 확산 사이의 충돌이다. 젊은 세대, 특히 여성들은 개인의 자율성과 선택권을 중시하지만, 동시에 가족과 사회로부터는 여전히 전통적 역할 수행에 대한 압력을 받고 있다. 성별 혐오 표현의 등장은 이런 갈등이 극단화된 결과 중 하나라고 볼 수 있다.

　이러한 상황에서 필요한 것은 이분법적 대립이 아니라 상호 이해와 존중에 기반한 새로운 접근이다. 상호존중의 핵심은 차이를 인정하되 차별하지 않는 것이다. 남성과 여성이 다를 수 있다는 것을 받아들이면서도, 그 차이가 우열이나 차별의 근거가 되어서는 안 된다는 원칙을 확립하는 것이다.

　예를 들어, 여성이 출산과 육아에 더 많은 시간을 투자하는 것이 현실이라면, 이를 인정하면서도 그것이 여성의 사회적 지위나 경제적 기회를 제약하는 요인이 되지 않도록 사회적 지원 체계를 만드는 것이다. 육아휴직의 현실적 보장, 직장 내 어린이집 확충, 유연근무제 도입 등이 그 구체적 방안이 될 수 있다. 마찬가지로 남성이 물리적으로 더 위험한 업무를 담당하는 경우가 많다면, 이를 인정하면서도 그것이 남성만의 의무로 고착화되지 않도록 하는 것이다. 군복무 역시 남성에게만 부과되는 현실을 인정하되, 이에 상응하는 사회적 보상이나 대안적 의무 방식을 모색하는 것이다.

　무엇보다 중요한 것은 성평등을 제로섬 게임(Zero-sum Game)[16]으로 보는 관점에서 벗어나는 것이다. 여성의 권익 향상이 반드시 남성의 권

---

16) 제로섬 게임은 한 참가자의 이득이 다른 참가자의 손실과 정확히 일치하는 게임 이론 개념이다. 성평등 논의에서는 여성 권익 향상이 남성 권익 침해를 의미한다고 보는 관점을 지칭하나, 실제로는 포지티브섬(positive-sum) 상황 가능성이 크다.

익 침해를 의미하는 것은 아니며, 남성의 어려움을 인정하는 것이 여성의 고통을 부정하는 것도 아니다. 오히려 성별에 관계없이 모든 개인이 자신의 잠재력을 발휘할 수 있는 사회야말로 궁극적으로 모두에게 이익이 되는 사회이다. 우리는 성평등 정책의 실효성에 대해서도 냉정하게 평가해야 한다. 형식적 평등과 실질적 평등 사이의 괴리, 법 제도의 개선과 사회 의식의 변화 속도 차이 등을 인정하고, 보다 현실적이고 지속가능한 접근 방식을 모색해야 한다.

이런 맥락에서 루쉰이 강조했던 경제적 독립의 중요성은 여전히 유효하다. 현재 한국에서 벌어지고 있는 저출산 문제도 이런 관점에서 이해해야 한다. 젊은 여성들이 결혼과 출산을 기피하는 현상은 여전히 여성에게 집중되는 육아 부담, 경력 단절의 위험, 사회적 편견 등이 복합적으로 작용한 결과이다. 이는 단순한 여성 문제가 아니라 사회 전체의 지속가능성과 직결된 문제이다.

궁극적으로 우리가 추구해야 할 것은 '양성평등'이라는 추상적 구호가 아니라 '상호존중'에 기반한 성숙한 사회이다. 이는 남성과 여성이 각자의 특성과 상황을 인정받으면서도 동등한 기회와 대우를 받을 수 있는 사회, 성별에 관계없이 개인의 능력과 노력이 정당하게 평가받는 사회를 의미한다.

100년 전 루쉰이 제기했던 '노라가 집을 나간 후' 어떻게 살 것인가 하는 문제는 여전히 유효하다. 하지만 이제 우리는 이를 개인의 문제가 아니라 사회 전체가 함께 해결해야 할 과제로 인식해야 한다. 진정한 성평등은 일방의 희생이나 양보가 아니라 모두가 함께 만들어가는 새로운 사회 질서를 통해서만 가능하다. 그리고 그 과정에서 우리는 더 성숙하고 포용적인 사회를 만들어 갈 수 있을 것이다.

3

근대적 개인의 탐구

▌션충원(沈从文):『변성(边城)』

1.『변성』: 작가 소개와 주요 스토리

▶ 작가 소개

　션충원(1902-1988)은 20세기 중국에서 순수함과 아름다움을 추구했던 독특한 작가였다. 1902년 12월 28일 후난성 펑황현(湖南省 凤凰县)에서 태어난 그는 다민족이 어우러진 변경 지역의 환경에서 자라났다. 소년시절을 군대에서 보내고 20세 쯤에 베이징에서 작가 생활에 들어갔다. 1922년 베이징대학에서 청강하며 본격적인 문학 활동을 시작한 션충원은 당시 주류였던 사회 비판적 문학과는 다른 길을 걸었다. 그는 문학이 정치와 독립되어야 한다고 주장하며 순수한 인간성과 아름다움 자체에 관심을 기울였다. 그의 문학 세계에서 가장 중요한 공간은 고향 후난성 서부의 '상서(湘西)' 지역으로, 이곳은 현대 문명의 때가 묻지 않은 순수한 이상향이었다.

1949년 신중국 건국 후 그의 순수문학은 시대적 요구와 맞지 않아 비판받았고, 1950년대 초 심각한 정신적 위기를 겪었다. 이후 그는 소설 창작을 포기하고 중국 고대 복식사 연구에 전념하여 『중국고대복식연구(中國古代服飾研究)』라는 기념비적 저작을 완성했다. 문화대혁명 기간에는 그의 소중한 도서들이 모두 소각되는 고통을 겪기도 했다.

1978년부터 1988년까지 중국사회과학원 연구소에서 연구원으로 활동하며 1980년대 개혁개방과 함께 그의 문학이 재평가받기 시작했다. 1988년 5월 10일 세상을 떠났다.

션충원의 문학은 급속한 현대화 속에서 잃어버린 전통적 가치와 인간의 본연적 아름다움을 보여주는 소중한 기록이다. 그는 사회 비판보다 순수문학의 가능성을 보여주었으며, 후대의 '심근문학(心根文学)[1]' 운동에 큰 영향을 미쳤다. 정치적 격변 속에서도 인간의 선량함을 믿고 이를 아름다운 문학 언어로 형상화한 그의 작품들은 시대를 초월한 보편적 가치를 담고 있어 오늘날에도 깊은 감동을 준다.

▶ 『변성』 주요 스토리

작품의 공간적 배경은 후난성 서부 변경 지역의 차동(茶峒)이라는 소규모 촌락이며, 시간적 배경은 1930년대이다. 주인공 취취(翠翠)는 15세의 소녀로, 부모를 일찍 여읜 후 할아버지와 함께 투오강(沱江) 나루터에서 거주하며 도선업에 종사하고 있다. 취취의 출생 배경 자체가 비극적인데, 그녀의 부모는 자유연애를 통해 결합했으나 사회적 압력을 견디지 못하고 동반자살한 바 있다.

---

[1] 심근문학에 대한 자세한 설명한 Ⅳ. '새로운 시대 새로운 문학'에서 자세히 다룬다.

이야기의 주요 갈등은 취취를 둘러싼 삼각관계에서 발생한다. 차동의 유력한 선주인 순순(順順)의 두 아들인 천보(天保)와 누송(儺送)이 모두 취취에게 구혼한다. 장남인 천보는 전통적인 중매 방식을 통해 공식적으로 혼담을 진행하려 하는 반면, 차남 누송은 야간에 산가(山歌)를 불러 자신의 마음을 전달하는 낭만적 방식을 택한다. 취취는 누송의 노래에 감화되어 그에게 호감을 품게 된다. 형제간의 갈등은 벽계저(碧溪岨)에서 밤에 노래를 불러 구혼하는 전통적 방식으로 해결하기로 결정된다. 그러나 천보는 동생의 가창 실력이 자신보다 뛰어나다는 것을 자각하고 경쟁에 불참한다. 이후 천보는 사업차 하류로 떠나게 되며, 급류에서 선박이 전복되어 익사하는 비극적 결말을 맞는다.

천보의 죽음은 서사의 전환점이 된다. 누송은 형의 죽음에 대한 죄책감과 가족 내 갈등으로 인해 취취와의 관계를 회피하게 된다. 순순 역시 장남의 죽음이 취취와 관련이 있다고 여겨 혼담에 소극적 태도를 보인다. 취취의 할아버지는 중매인 역할을 자처하여 양가의 화해와 혼담 성사를 위해 노력하지만 성과를 거두지 못한다.

클라이맥스는 폭풍우가 몰아치는 밤에 발생한다. 할아버지는 승객을 태우러 도선을 운행하러 나간다. 그러나 기상 악화와 과로로 인해 강물에 추락하여 사망한다. 이로써 취취는 완전한 고아가 되며, 나루터의 유일한 관리인이 된다.

결말에서 누송은 가족과의 갈등을 견디지 못하고 장사를 위해 도원으로 떠난다. 소설은 취취가 홀로 나루터를 지키며 누송의 귀환을 기다리는 모습으로 종결되는데, 서술자는 "이 사람은 영원히 돌아오지 않을 수도 있고, '내일' 돌아올 수도 있다"는 양의적 진술로 미래의 불확실성을 암시한다. 이러한 열린 결말은 독자로 하여금 인물들의 운명에 대한 다양한 해석을 가능하게 한다.

2. 『변성』: 작품 분석

1) 공간의 상징성과 이원 대립 구조

『변성』에서 가장 주목할 분석 지점은 공간의 상징적 의미이다. 작품의 제목인 '변성'은 단순한 지리적 개념이 아니라 문명과 야만, 중심과 주변, 전통과 근대를 가르는 상징적 경계선을 의미한다. 차동이라는 소규모 촌락은 한족 문화권의 변경에 위치하면서도 묘족(苗族), 투자족(土家族) 등 소수민족의 문화가 혼재하는 다문화적 공간으로 설정되어 있다. 투오강이라는 자연적 경계선은 이러한 공간의 이원성을 더욱 부각시킨다. 강은 물리적으로는 양안을 분리하지만 동시에 연결하는 매개체이기도 하다. 취취와 외조부가 운영하는 나루터는 이러한 분리와 연결의 변증법적 공간에 위치하며, 이는 전통과 근대 사이의 경계에 서 있는 인물들의 존재론적 조건을 은유한다.

2) 목가문학의 전형과 반도시주의 이데올로기

『변성』은 중국 현대문학사에서 목가문학(田园文学[2])의 전형으로 평가되며, 이는 작가의 반도시주의적 세계관과 밀접하게 연관된다. 작품에 그려진 차동의 일상은 자연과 인간이 조화를 이루는 전근대적 공동체의 이상적 모습을 보여준다. 경제적 관계보다는 인정과 의리가 우선시되며, 화폐경제의 침투는 최소화되어 있다.

---

[2] 목가문학은 도시 문명과 대비되는 농촌 생활의 단순함과 순수함을 이상화하여 그리는 문학 장르이다. 자연과 조화를 이루는 소박한 삶을 찬미하고 복잡한 도시 문명에 대한 비판적 성찰을 담는다. 중국에서는 전원문학(田园文学) 또는 향토문학(乡土文学)으로 분류된다.

하지만 이러한 목가적 이상향은 결코 정적인 유토피아가 아니다. 작품에는 근대성의 침입이 미묘하게 암시되어 있으며, 이는 주로 외부 세계와의 접촉을 통해 나타난다. 천보의 상업적 활동이나 누송의 군대 입대는 전통적 공동체가 근대적 국가 체제와 시장경제로 편입되는 과정을 보여준다.

3) 여성 인물의 수동성과 운명론적 세계관

취취라는 여성 인물의 성격 설정은 작품의 중요한 분석 지점 중 하나이다. 취취는 전형적인 수동적 여성 인물로, 자신의 운명을 스스로 결정하기보다는 외부 상황의 변화에 순응하는 존재로 그려진다. 이는 당시 중국 문학에서 주류를 이루던 신여성 형상과는 대조적이다. 그녀는 『홍루몽』의 임대옥(林黛玉)이나 전통 민담의 여성 인물들과 유사한 순수성과 비극성을 지니고 있다. 이는 션충원이 현대 문학의 형식을 빌려 전통적 미의식을 재현하려는 시도의 일환으로 해석할 수 있다.

하지만 이러한 수동성을 단순히 보수적 여성관의 표현으로 해석하는 것은 성급하다. 취취의 수동성은 오히려 자연과 조화를 이루는 도가적 삶의 방식과 연결되며, 이는 작가가 추구하는 자연주의적 인생관의 반영이다.

4) 서사 구조와 주제 의식의 복합성

『변성』의 서사 구조는 선형적 발전보다는 순환적 반복의 특성을 보인다. 작품의 시작과 끝이 모두 취취의 기다림으로 설정되어 있으며, 이는 시간의 순환성을 강조한다. 특히 주목할 점은 작품에서 역사적 시간이 거의 부재한다는 것이다. 1930년대라는 시대적 배경에도 불구하고 당시의 정치적 격변이나 사회적 변화는 작품에 직접적으로 반영되지 않는다. 이러한 탈역사적 구조 안에서 작품은 형이상학적 (metaphysic)[3] 차원의 사랑을 그려낸다. 취취와 누송의 사랑은 직접적으로 표현되지 않으며, 대부분 암시와 상징을 통해 드러난다. 이러한 절제된 표현 방식은 중국 전통 문학의 함축미와 연결되며, 동시에 순수한 감정의 숭고함을 부각시킨다. 형제간의 갈등 구조는 개인적 욕망과 가족적 의무 사이의 윤리적 딜레마를 제기하며, '노래 부르기'라는 전통적 해결 방식은 결과적으로는 비극으로 귀결된다.

이 모든 것은 전통과 근대성의 복합적 관계 설정 속에서 이해되어야 한다. 표면적으로 작품은 전통적 가치를 옹호하고 근대성을 거부하는 듯 보이지만, 실제로는 훨씬 복잡한 태도를 보인다. 차동이라는 공간 자체가 이미 순수한 전통 사회가 아니라 다양한 문화가 혼재하는 경계 지역이며, 등장인물들 역시 근대적 변화에 노출된 과도기적 존재들이다. 작가는 전통을 비판적으로 계승하려는 의도를 보이며, 순순의 가부장적 권위나 중매결혼 관습 등은 비판적으로 그려지는 반면, 상호부조의 공동체 정신이나 자연과의 조화로운 삶은 긍정적으로 제시된다.

5) 주요 장면 분석

▶ **단오절 용선(龙船) 경기 장면**
작품 초반에 등장하는 단오절 용선 경기 장면은 취취와 누송의 첫 만

---

[3] 여기서의 형이상학은 사랑의 본질과 의미에 대한 철학적 탐구를 의미한다. 물질적·현실적 이익을 넘어선 사랑의 정신적·영혼적 차원을 말한다. 즉 순수하고 이상적인 사랑의 본질적 속성과 인간 존재에 갖는 근본적 가치를 추구하는 것을 가리킨다.

남을 그린 중요한 도입부이다. 축제의 열기와 북소리, 함성 소리가 어우러진 가운데 취취는 우연히 누송을 보게 되고, 그의 영민하고 건장한 모습에 첫눈에 끌린다. 하지만 취취는 자신의 감정을 직접 표현하지 않으며, 다만 "그 사람이 누구인지 알고 싶다"는 미묘한 호기심만을 드러낸다. 용선 경기라는 전통적 축제는 차동 공동체의 집단적 정체성을 보여주는 상징적 공간이다. 개인들이 공동체의 일원으로서 하나가 되는 순간이며, 이는 후에 벌어질 개인적 감정의 갈등과 대조를 이룬다. 특히 이 장면에서 취취의 시선과 감정의 변화가 세밀하게 포착되며, 작가는 "눈이 빛나며", "조용해졌다"는 식의 절제된 묘사를 통해 순수한 첫사랑의 감정을 효과적으로 전달한다.

▶ 노래 하는 장면

누송이 밤마다 산 너머에서 부르는 노래 장면들은 작품에서 가장 서정적이고 낭만적인 부분이다. 달빛이 강물에 비치는 고요한 밤, 멀리서 들려오는 애절한 선율은 취취의 마음을 사로잡는다. "산 너머 기슭에서 누군가 배를 저어가며 중저음으로 느리게 노래하는 소리"라는 묘사는 독자로 하여금 마치 그 장면을 직접 경험하는 듯한 생생함을 느끼게 한다. 이 장면에서 주목할 점은 소리의 방향성이다. 누송의 노래는 항상 '저편'에서 들려오며, 이는 물리적 거리감과 동시에 심리적 거리감을 상징한다. 취취는 그 노래를 듣고 싶어 하지만 그에게 직접 다가갈 수는 없으며, 이러한 접근 불가능성은 사랑의 순수성을 더욱 부각시킨다.

▶ 용왕묘 가창 경연의 부재 장면

형제가 벽계저에서 가창 경연을 통해 승부를 가리기로 한 약속의 파기는 작품에서 가장 중요한 전환점 중 하나이다. 천보가 경연에 나타나지 않음으로써 전통적 갈등 해결 방식이 좌절되고, 이는 이후 모든 비극의 직접적 원인이 된다. 이 장면에서 주목할 점은 '부재'의 서사적 기능이다. 천보의 부재는 그 자체로 하나의 선택이며 동시에 포기의 표현이다. 이 장면은 또한 전통적 관습의 한계를 보여준다. 용왕묘 가창 경연은 지역의 오랜 관습이지만, 형제간의 우애와 연인에 대한 사랑 사이의 갈등은 단순한 경쟁으로 해결될 수 없는 문제이며, 이는 전통적 해결책의 한계를 드러낸다.

6) 천보의 익사 장면

천보가 급류에서 익사하는 장면은 직접적으로 서술되지 않고 사후에 전해지는 소식을 통해 간접적으로 제시된다. 이러한 서술 방식은 죽음의 충격을 더욱 극대화시키는 효과를 가져온다. 천보의 죽음은 단순한 사고가 아니라 그의 심리적 상태와 밀접하게 연관되어 있다. 천보의 죽음이 다른 인물들에게 미치는 영향이 중요한 분석 지점이다. 누송은 형의 죽음에 대한 죄책감으로 괴로워하며, 이는 그가 취취와의 관계를 회피하게 만드는 직접적 원인이 된다. 이처럼 한 사람의 죽음이 공동체 전체에 미치는 파급효과가 섬세하게 그려진다.

7) 비극적 결말과 존재론적 전환

할아버지가 폭풍우 치는 밤에 세상을 떠나는 장면은 작품의 클라이맥스이다. 천보의 죽음으로 인해 선주 순순이 할아버지에게 냉담하게 대하게 되고, 이러한 정신적 충격과 취취의 미래에 대한 과도한 걱정이 할아버지를 심리적으로 짓눌렀다. 이 장면은 자연의 위력과 인간의 한계를 극명하게 대비시키면서, 동시에 희생과 헌신의 숭고함을 부각시킨다. 할아버지는 평생 남을 위해 헌신한 인물로, 그의 죽음 역시 마지막까지 취취를 걱정하는 마음에서 비롯된 것이었다.

 할아버지의 죽음은 취취에게 존재론적 전환을 강요한다. 그녀는 이제 완전한 고아가 되어 스스로 나루터를 지켜야 하는 상황에 놓인다. 이는 그녀가 수동적 존재에서 능동적 존재로 변화해야 함을 의미한다. 하지만 이러한 전환의 완성은 누송의 떠남으로 인해 더욱 복잡해진다. 작품의 마지막 장면에서 누송은 형의 죽음에 대한 죄책감을 견디지 못하고 타오위안으로 떠나며, 취취는 홀로 나루터에 남겨진다. 누송의 떠남은 형의 죽음에 대한 죄책감과 가족 내 갈등을 견디지 못한 도피의 성격을 지니지만, 동시에 자신의 존재가 가족과 취취에게 고통을 준다고 판단한 희생의 의미도 지닌다.

 "이 사람은 영원히 돌아오지 않을 수도 있고, 내일 당장 돌아올 수도 있다"는 작가의 마지막 언급은 미래의 불확실성을 강조하며 열린 결말을 완성한다. 취취의 기다림은 절망적이면서도 희망적이다. 절망적인 것은 그가 돌아올 가능성이 희박하기 때문이고, 희망적인 것은 기다림 자체가 사랑의 지속을 의미하기 때문이다. 이제 그녀는 나루터의 새로운 주인이 되어 다른 사람들의 만남과 이별을 지켜보는 존재가 되었지만, 그 속에서도 개인적 그리움은 계속된다.

3. 『변성』이 현대 한국사회에 던지는 메시지: 속도 강박과 물질 만능주의 극복 방안

1) 작품 속 대안적 가치관 분석

▶ 누송과 취취: 시간을 들인 진정성의 힘

『변성』에서 가장 인상적인 것은 누송과 취취의 사랑이 보여주는 시간의 깊이이다. 누송은 몇 달에 걸쳐 밤마다 산가를 불러 자신의 마음을 전달한다. 이는 단순한 로맨틱한 설정이 아니라, 진정한 감정이 형성되고 전달되는 과정에 대한 깊은 통찰을 담고 있다. 취취 역시 누송의 노래를 들으며 천천히 자신의 감정을 확인해 나간다. 그녀는 첫 만남에서 즉시 호감을 표현하지도, 섣불리 거절하지도 않는다. 대신 충분한 시간을 두고 상대방을 이해하려 노력한다. 이들의 관계에서 중요한 것은 상대방의 진심을 알아가는 과정 자체이며, 빠른 결론보다는 깊이 있는 이해를 추구한다는 점이다.

▶ 외조부의 나루터 철학: 효율성을 넘어선 삶의 의미

외조부가 나루터를 지키는 방식은 현대적 관점에서 보면 매우 비효율적이다. 그는 사람들이 언제 올지 모르는 상황에서도 여유롭게 기다리며, 도선료를 받지 않고도 기꺼이 봉사한다. 경제학적으로는 '기회비용의 낭비'이고 경영학적으로는 '수익성 없는 사업'이다.

하지만 외조부에게 나루터는 단순한 일터가 아니라 삶의 터전이자 존재 의미이다. 그는 마을 사람들과 나그네들을 안전하게 강을 건네주는 일에서 보람을 찾는다. 이는 일과 삶이 분리되지 않고 통합된 상태, 즉 자신이 하는 일이 곧 자신의 정체성이자 사회적 기여가 되는 이상적 모델을 보여준다.

▶ 차동 마을: 경쟁보다 협력의 공동체

차동 마을 사람들은 서로를 경쟁자로 보지 않고 협력자로 인식한다. 순순은 마을에서 가장 부유한 상인이지만 자신의 재산을 과시하거나 이를 통해 타인을 지배하려 하지 않는다. 오히려 마을의 일원으로서 겸손함을 유지하며, 개인의 이익보다는 공동체의 조화를 우선시한다. 이는 '사회적 자본(Social Capital)'의 구체적 사례이다. 로버트 퍼트넘(Robert Putnam)이 제시한 '사회적 자본' 이론에 따르면, 구성원 간의 신뢰와 상호부조는 개인의 삶의 질뿐만 아니라 사회 전체의 발전에도 기여한다.[4] 차동 마을은 이러한 이론을 문학적으로 형상화한 이상적 공동체라 할 수 있다.

2) 현대 사회 문제와의 극명한 대조

▶ 속도 강박 vs 느림의 미학

현재 한국 사회는 세계에서 유례를 찾기 어려운 극도의 속도 중심 문화로 특징지어진다. OECD 조사에 따르면 한국의 연간 근로시간은 1,915시간으로 OECD 평균(1,716시간)을 크게 상회한다.[5] 하지만 이러한 속도 강박은 단순히 근로시간에만 국한되지 않는다. 일상생활 전반에 걸쳐 속도에 대한 무한한 요구가 확산되어 있다. 배송 서비스를 보면 이러한 현상이 극명하게 드러난다. 한국의 배송 서비스는 '당일배

---

4) 로버트 퍼트넘, 정승현 옮김. 『나 홀로 볼링, 볼링 얼론 – 사회적 커뮤니티의 붕괴와 소생』, 페이퍼로드, 38쪽, 701-702쪽.
5) KBS. 「한국 노동시간 OECD 4위… "주당 3.8시간 줄여야 평균"」, 2023.04.23.

송'에서 '새벽배송', '1시간 배송'을 거쳐 이제는 '30분 배송'까지 진화했다. 쿠팡의 로켓배송, 배달의민족의 '배민1' 서비스 등이 대표적 사례이다. 소비자들은 예상시간 10분만 늦어져도 불만을 표시하며, 이는 배송 기사들의 과로사 문제로 이어졌다. 2020년 택배 기사 과로사 문제가 사회 이슈가 되었을 때, 근본 원인은 소비자들의 무한한 속도 요구였다.[6]

소통 방식도 마찬가지로 왜곡되었다. 카카오톡의 '읽음' 표시는 한국인의 일상에 새로운 스트레스를 가져왔다. '읽씹(읽고 무시하기)'이라는 신조어가 생겨났고, 젊은 세대들은 메시지를 읽고도 즉시 답장하지 않으면 관계에 문제가 생길까 봐 불안해한다. 2023년 조사에 따르면 대부분의 2030세대가 '카카오톡 읽씹으로 인한 스트레스'를 경험한다고 답했다.[7] 이는 소통의 질보다 속도를 우선시하는 사회 분위기를 반영한다.

연애와 결혼 문화의 변화도 속도 중심 문화의 산물이다. 소개팅 앱 시장의 폭발적 성장을 보면, 틴더, 아만다 등을 통해 스와이프 '한 번'으로 상대를 선택하고, 첫 만남에서 바로 호감도를 판단하는 문화가 확산되었다. 2023년 기준 국내 데이팅 앱 시장 규모는 약 500억원에 달한다.[8] 하지만 이러한 속도 중심의 만남은 상대방에 대한 깊이 있는 이해를 방해하며, 결과적으로 진정한 관계 형성에 장애가 되고 있다. 많은 젊은이들이 '좋은 사람을 만나기 어렵다'고 하지만, 정작 한 사람을 충분히 알아가는 시간은 투자하지 않는 모순적 상황이 벌어지고 있다.

이와 대조적으로 『변성』의 인물들은 시간의 흐름을 자연스럽게 받아

---

6) 이데일리. 「"우리 아들이 마지막이 되어야 합니다"」, 2020.10.23.
7) 경북일보. 「이준영 칼럼 초연결사회와 읽씹, 불안증」, 2025.06.08.
8) 매일경제. 「자만추 NO! 앱만추 시대! 데이팅 앱, 에브리띵 [스페셜리포트]」, 2024.01.25.

들인다. 누송의 몇 달에 걸친 구애는 현재의 '번개 소개팅'이나 '스피드 데이팅'과는 정반대의 접근이다. 그는 매일 밤 산가를 불러 자신의 마음을 전달하지만, 취취에게 즉각적인 답변을 요구하지 않는다. 취취 역시 누송의 노래를 들으며 천천히 자신의 감정을 확인해 나간다. 이들의 소통 방식은 시간이 오래 걸리지만, 그만큼 깊이 있고 진실한 감정의 교류를 가능하게 한다.

외조부의 느긋한 나루터 지키기도 마찬가지이다. 그는 사람들이 언제 올지 모르는 상황에서도 조급해하지 않고 여유롭게 기다린다. 효율성이나 시간당 수익률 같은 현대적 기준으로 보면 매우 비생산적이지만, 그에게는 기다림 자체가 삶의 일부이자 의미 있는 시간이다. 이는 모든 시간을 생산성과 효율성으로 재단하려는 현재의 시간관과는 근본적으로 다른 접근이다. 누송의 몇 달에 걸친 구애, 취취의 여유로운 기다림, 외조부의 느긋한 나루터 지키기는 모두 '빠름'보다는 '적절함'을 추구하는 삶의 자세를 보여준다.

▶ 물질 만능주의 vs 정신적 가치 우선

2023년 기준 한국의 가계부채는 1,859조원으로 국내총생산(GDP) 대비 105%에 달하며, 이는 OECD 국가 중 최고 수준이다.[9] '영끌', '갭투자', '명품 플렉스' 문화가 보여주듯 한국 사회는 물질적 소유를 성공의 척도로 삼고 있다.

또한 부동산 투기 열풍 역시 대표적 사례이다. 2020년부터 2021년까지의 부동산 광풍 시기에는 '영끌', '갭투자', '패닉바잉(Panic

---

9) 통계청. 「2023년 가계금융복지조사 결과」, 2023.12.07. https://kostat.go.kr/board.es?mid=a10301040300&bid=215&act=view&list_no=428364

Buying)**10)**' 같은 신조어들이 등장했다. 30대 직장인들이 대출을 최대한 받아 투자하고, 심지어 부모의 노후자금까지 빌려 부동산에 투자하는 일이 비일비재했다. 이 과정에서 많은 사람들이 실제 거주나 안정된 삶보다는 투자 수익만을 추구하게 되었다. 집은 더 이상 '살 곳'이 아니라 '돈 버는 수단'으로 전락했다.

명품 소비 문화의 확산도 심각한 수준이다. 한국의 1인당 명품 소비액은 세계 6위 수준으로, 특히 20-30대 젊은 층의 명품 소비가 급증하고 있다. 글로벌 컨설팅 업체 맥킨지 조사에 따르면 한국인들은 명품 과시에 대해 다른 나라보다 훨씬 관대한 태도를 보인다.**11)** '플렉스' 문화가 확산되면서 자신의 경제적 능력을 과시하는 것이 사회적 성공의 지표로 여겨지고 있다. 이는 개인의 내적 가치나 인격적 성숙보다는 외적 과시에 더 큰 가치를 두는 왜곡된 가치관을 반영한다.

주식 투자와 '부의 추월차선' 열풍도 마찬가지다. 2020년 코로나19 이후 '동학개미운동'으로 시작된 주식 투자 열풍은 극단적 형태로 발전했다. '부의 추월차선', '파이어족(FIRE: Financial Independence, Retire Early)' 같은 개념이 유행하면서 젊은 세대들은 안정적인 직장생활보다는 단기간에 큰 수익을 얻는 투자에 몰두하게 되었다. 일부는 전 재산을 주식이나 가상화폐에 투자하는 극단적 선택을 하기도 했다. 이 과정에서 '묻지마 투자', '빚투(빚내서 투자)' 같은 위험한 행동들이 일상화되었다.

연애와 결혼 시장의 상품화는 더욱 심각하다. 현재 한국의 연애와 결혼 문화는 철저히 '스펙' 중심으로 변질되어 인간관계가 상품처럼 거래

---

10) 패닉바잉은 공급 부족에 대한 불안감이나 가격 상승에 대한 우려로 인해 소비자들이 이성적 판단보다는 감정적 충동에 의해 급하게 대량으로 물건을 구매하는 현상이다. 코로나19 초기 마스크나 생필품 사재기, 부동산 시장의 급등기 매수 등이 대표적 사례이다.
11) 시사뉴스매거진. 「2022년 세계 명품 소비율 1위 한국인, 그 이유는?」, 2023.05.11.

되고 있다. 결혼정보회사에서는 연봉, 학력, 외모, 재산 등을 수치화하여 '매칭 점수'를 산출하고, 상대방을 선택하는 기준이 마치 부동산이나 자동차를 고르는 것과 다르지 않다. "설마 너도 서울대냐?", "연봉 얼마?", "집 있어?", "부모님 직업이 뭐야?" 같은 질문들이 첫 만남의 단골 화제가 되었다. 성격의 따뜻함, 유머 감각, 배려심, 가치관의 일치 같은 관계의 본질적 요소들은 평가 대상에서 제외되고, 오직 외적으로 측정 가능한 '스펙'만이 중요해졌다. 통계청 조사에서 미혼 남녀의 결혼 기피 이유 1위가 '경제적 부담'으로 나타난 것처럼, 사랑과 결혼이 개인의 감정보다는 경제적 계산에 의해 좌우되는 현실을 보여준다[12]. '혼사장애인(혼인을 위한 사회적·경제적 조건을 갖추지 못한 사람)'이라는 신조어까지 등장한 것을 보면, 결혼이 더 이상 두 사람의 사랑에 기반한 자연스러운 결합이 아니라, 사회적 지위와 경제력을 증명하는 일종의 '자격증'으로 인식되고 있음을 알 수 있다.

반면 『변성』의 인물들은 거의 아무것도 소유하지 않으면서도 풍요로운 삶을 살아간다. 외조부는 작은 오두막과 배 한 척만 있으면 충분하고, 취취는 소박한 일상용품만으로 만족한다. 순순은 차동에서 가장 부유한 상인이지만, 자신의 재산을 과시하거나 이를 통해 타인을 지배하려 하지 않는다. 오히려 그는 인간관계에서 겸손함을 유지하며, 돈보다는 사람을 중시한다. 취취와 누송의 사랑 역시 어떤 물질적 조건에도 기반하지 않는다. 누송은 순순의 아들로 경제적으로 여유가 있지만, 취취에게 접근할 때 이를 내세우지 않는다. 취취 역시 누송의 경제적 배경보다는 그의 인품과 진실한 마음에 끌린다. 이들의 관계에서는 재산, 사회적 지위, 외적 조건 등이 전혀 고려되지 않으며, 오직 순수한 감정

---

[12] SBS. 「국민 절반 "결혼 안 해도 괜찮아" ⋯기피 이유 1위는 "돈 없어서"」, 2022.11.16.

만이 중요하다. 이들에게 진정한 부는 물질이 아니라 의미 있는 관계와 정신적 만족에서 나온다.

▶ 개인주의 vs 공동체 의식

현대 한국 사회는 극도로 개인화되어 있다. 1인 가구 비율은 33.4%에 달하며, '혼밥', '혼술', '혼영' 문화가 확산되고 있다.[13] 이러한 개인화 현상의 배경에는 도시화, 핵가족화, 경쟁사회의 심화 등이 있다. 특히 청년층에서는 취업 경쟁이 치열해지면서 동년배를 동지가 아닌 경쟁자로 인식하는 경향이 강해졌고, 직장에서도 개인의 성과가 절대적으로 중요시되면서 협력보다는 경쟁이 일상화되었다.

물론 개인의 자유와 독립성은 중요한 가치이며, 과거 집단주의 사회에서 억압받았던 개인의 권리가 존중받는 것은 분명히 진보한 것이다. 하지만 지나친 개인주의는 사회적 고립과 연대감 부족으로 이어질 수 있다. 실제로 한국의 사회적 고립감은 심각한 수준에 이르렀다. 2023년 통계청 조사에 따르면 20-30대 중 18.5%가 '외로움을 자주 느낀다'고 답했으며, 이는 OECD 평균(22.8%)을 크게 상회하는 수치이다.[14] 또한 이웃과의 관계도 점점 소원해져서, 아파트에서 옆집 사람과 인사조차 나누지 않는 것이 일반적이 되었다.

이러한 상황에서 차동 마을의 유기적 공동체는 이에 대한 대안적 모델을 제시한다. 마을 사람들은 개인의 자유를 억압하지 않으면서도 서로에 대한 관심과 배려를 잃지 않는 균형잡힌 관계를 보여준다. 순순은 부유한 상인이지만 자신의 부를 과시하거나 다른 사람들을 지배하려

---

13) 조선일보. 「국내 1인 가구 800만 돌파… 700만 넘은 지 3년 만, 소형 가전 -소용량 식품 인기 등 트렌드도 바뀌어」, 2025.06.19.
14) 한국행정연구원. 『2019년, 사회통합실태조사』.https://www.kipa.re.kr/site/kipa/sta/selectBaseView.do?seSubCode=BIZ017A001&seqNo=STAT_000000000001012

하지 않으며, 마을 사람들 역시 그를 동등한 공동체의 일원으로 대한다. 이는 현재 한국 사회에서 경제적 지위에 따라 사람을 차별하고, 부유한 사람들은 자신들만의 폐쇄적 커뮤니티를 형성하는 현상과는 정반대이다. 차동 마을에서는 각자의 역할과 능력이 다르지만, 모두가 공동체의 소중한 구성원으로 인정받고 있다.

3) 현실적 한계와 선택적 적용의 지혜

『변성』의 느린 리듬을 현대 사회에 그대로 적용하기에는 분명한 현실적 한계가 존재한다. 경제적 압박의 현실에서 외조부처럼 도선료를 받지 않고 봉사하는 삶은 아름답지만, 치솟는 물가와 주거비 앞에서는 이상에 그칠 수 있다. 누송처럼 몇 달에 걸쳐 천천히 마음을 전달하는 방식은 로맨틱하지만, 치열한 취업 경쟁과 연애 시장에서는 기회를 놓치는 결과를 낳을 수 있다. 기술 발전 속도와의 괴리 문제도 있다. 인공지능, 빅데이터, 메타버스 등 기술 혁신의 속도는 점점 빨라지고 있어, 이러한 변화에 적응하지 못하면 사회에서 도태될 위험이 있다. 또한 개인 안전과 편의성 측면에서 응급의료 서비스, 재해 대응 시스템, 치안 유지 등은 속도가 생명과 직결된 영역으로 『변성』의 여유로운 접근을 적용할 수 없다.

하지만 이러한 한계를 인정하면서도 『변성』의 지혜를 현대 사회에 적용할 방법을 모색해야 한다. 핵심은 '모든 영역에서의 획일적 적용'이 아니라 '상황에 따른 선택적 적용'이다. 응급상황이나 중요한 업무에서는 신속함이 필요하지만, 인간관계나 자기성찰, 창의적 사고가 필요한 영역에서는 『변성』에서 보여주는 것처럼 천천히 시간을 들여 쌓아가는 접근이 더 견고하고 지속가능한 결과를 가져온다. 예를 들어 업무 보고서는 신속하게 작성하되 인생의 중요한 결정은 충분히 숙고하고, 응급환자는 즉시 치료하되 일상적 건강관리는 여유를 갖고 접근하는 것이다. 이러한 선택적 적용의 지혜를 통해 현재 한국 사회가 겪고 있는 각종 사회적 문제들 '높은 이혼율', '낮은 출산율', '정신건강 악화', '사회적 신뢰' 부족 등의 근본적 해결책을 찾을 수 있을 것이다.

결국 『변성』이 우리에게 주는 교훈은 무조건적인 느림이 아니라, 삶의 영역에 따라 적절한 리듬을 찾아가는 지혜라고 할 수 있다.

4. 비평적 조명: 불확실성의 미학 -『변성』의 현대적 실용성

션충원의 『변성』이 현대 독자들에게 지속적으로 사랑받는 이유는 단순히 서정적 아름다움에만 있지 않다. 이 작품이 제시하는 삶의 철학과 인간관계에 대한 통찰은 21세기를 살아가는 현대인들에게 실용적이고 구체적인 지혜를 제공한다. 특히 작품의 열린 결말이 함의하는 바와 등장인물들이 보여주는 삶의 태도는 현재 한국 사회가 직면한 다양한 문제들에 대한 대안적 관점을 제시한다는 점에서 주목할 만하다.

"이 사람은 영원히 돌아오지 않을 수도 있고, 내일 당장 돌아올 수도 있다"는 『변성』의 마지막 문장은 단순한 서사적 장치를 넘어서 불확실성과 함께 살아가는 현대인의 실존적 조건을 정확히 포착한다. 취취의 기다림은 결과를 알 수 없는 상황에서도 희망을 포기하지 않는 삶의 태도를 보여주며, 이는 코로나19 팬데믹, 경제 불황, 취업난, 부동산 문제 등으로 미래를 예측하기 어려운 현실에 직면한 20-30대가 겪고 있는 '미래에 대한 불안'에 중요한 시사점을 준다. 취업이 될지, 집을 살 수 있을지, 결혼할 수 있을지 알 수 없는 상황에서 무력감에 빠지기보다는 현재 할 수 있는 최선의 노력을 다하면서 결과에 대해서는 열린 마음을 갖는 것이 더욱 건설적이다. 이는 스토아 철학(Stoicism)[15]의 핵심 개념인 '통제 가능한 것과 불가능한 것의 구분'과도 일맥상통하며, 실제 심리치료에서도 활용되는 수용전념치료(ACT)[16]의 기본 원리와 부합한다.

이러한 불확실성 수용의 지혜는 작품에서 가장 주목할 만한 '강요하지 않는 사랑'의 원리와도 연결된다. 취취는 누송을 사랑하지만 그에게 돌아오라고 강요하지 않으며, 누송 역시 자신의 감정을 억지로 관철시키려 하지 않는다. 이러한 비강제적 사랑은 젊은 세대들 사이에서 '가스라이팅', '연애 조종', '로맨스 스캠' 등이 사회적 문제가 되고 있는 상황에서 대안적 모델을 제시한다. 진정한 사랑은 상대방을 소유하거나 통제하려는 욕망이 아니라 상대방의 자유와 선택을 존중하는 것에서 출발한다는 교훈은 실제 연애에서 매우 실용적인 원칙이 될 수 있다. 연인이나 배우자가 자신의 기대와 다른 선택을 할 때 화를 내거나 강요하기보다는 그 선택을 존중하고 기다리는 여유를 갖는 것이 장기적으로는 더 건강하고 지속가능한 관계를 만든다.

외조부의 나루터 지키기는 '워라밸(Work-Life Balance)'에 대해 새로운 관점을 제시한다. 그는 나루터에서 일하지만 그것이 단순한 '노동'이 아니라 '삶의 일부'로 인식하며, 일과 삶이 분리되지 않고 하나로 통합되어 있다. 경제적 이익보다는 공동체에 대한 기여와 개인적 만족을 추구하는 그의 태도는 많은 직장인들이 겪고 있는 '번아웃' 문제에 대한

---

[15] 스토아 철학은 고대 그리스 철학자 에픽테토스가 제시한 원리이다. 우리가 통제할 수 있는 것(생각, 판단, 행동, 태도)과 통제할 수 없는 것(타인의 행동, 과거와 미래, 결과)을 명확히 구분하여 통제 가능한 영역에만 집중함으로써 내적 평안을 얻는다는 철학이다. 에픽테토스, 김재홍 옮김. 『엥케이리디온』, 그린비, 2025년, 18쪽
[16] 미국 심리학자 스티븐 헤이즈(Steven Hayes)가 개발한 심리치료 기법. 부정적 감정이나 생각을 바꾸려 하지 말고 있는 그대로 받아들이면서, 자신의 가치에 따라 행동하는 데 집중하는 치료법이다.

해결책을 제시한다. 많은 사람들이 일을 단순히 돈벌이 수단으로만 인식하기 때문에 의미를 찾지 못하고 소진되는 경우가 많은데, 외조부의 사례는 현재 하고 있는 일에서도 의미를 발견할 수 있다는 실용적 접근을 보여준다. 자신의 일이 다른 사람들에게 어떤 도움이 되는지 생각해보고, 단순한 업무 수행을 넘어서 어떻게 더 나은 서비스를 제공할 수 있을지 고민하는 것이다.

『변성』에서 가장 아름다운 소통은 역설적으로 말로 이루어지지 않는다. 누송의 산가, 취취의 침묵, 외조부의 무언의 배려 등이 오히려 더 깊은 의미를 전달하며, 이는 SNS와 메신저를 통한 소통이 일상화되면서 오히려 진정한 소통이 어려워진 현실에 대한 실용적 대안을 제시한다. 모든 것을 말로 설명하고 즉각적인 반응을 요구하는 문화 속에서 『변성』의 간접적이고 여유로운 소통 방식은 새로운 가능성을 보여준다. 가족이나 친구와의 관계에서 모든 것을 말로 표현하려고 하다 보면 오히려 갈등이 생기는 경우가 많다. 때로는 침묵으로 상대방의 마음을 헤아리고, 직접적인 표현보다는 행동으로 마음을 전하는 것이 더 효과적일 수 있다. 누송이 노래로 마음을 전한 것처럼, 편지, 선물, 함께 시간 보내기 등의 방식으로 말보다 더 깊은 소통을 할 수 있다.

작품의 인물들이 거의 아무것도 소유하지 않으면서도 풍요로운 삶을 살아가는 모습은 '미니멀 라이프'의 철학적 근거를 제공한다. 외조부는 작은 오두막과 배 한 척만 있으면 충분하고, 취취는 소박한 옷 몇 벌과 일상용품만으로 만족한다. 과도한 소비 문화로 인해 좁은 집에 물건이 넘쳐나고, 신용카드 빚에 시달리며, 정작 필요한 것과 원하는 것을 구분하지 못하는 사람들이 늘어나고 있는 상황에서 『변성』의 소박한 삶은 실용적 대안을 제시한다. '정말 필요한 것'과 '갖고 싶은 것'을 구분하는 연습, 새로운 것을 사기 전에 정말 그것이 자신의 삶을 더 풍요롭게 만들어줄지 생각해보는 것이다. 소유보다는 경험에 투자하는 것, 비싼 옷을 사는 대신 여행을 가거나, 명품 가방을 사는 대신 친구들과 의미 있는 시간을 보내는 것이 더 큰 만족을 가져다줄 수 있다.

이러한 개인적 차원의 지혜는 차동 마을의 공동체 의식을 통해 사회적 차원으로 확장된다. 마을 사람들은 서로를 경쟁자로 보지 않고 협력자로 인식하며, 개인의 이익보다는 공동체의 조화를 우선시한다. 이는 극도로 개인화된 사회에서 '사회적 자본'의 구체적 사례를 제공한다. 많은 사람들이 '네트워킹'의 중요성을 강조하지만, 대부분은 자신에게 도움이 될 사람들과만 관계를 맺으려는 이기적 접근에 그친다. 하지만 『변성』의 공동체는 서로에게 무조건적인 도움을 주고받는 진정한 연대의 모습을 보여준다. 직장에서도 동료들을 경쟁자로만 보지 않고 함께 성장할 수 있는 파트너로 인식하고, 지역 사회에서도 이웃들과 소소한 관계를 맺고 서로 도움을 주고받는 문화를 만들어가는 것이 개인의 삶의 질을 높일 뿐만 아니라 사회 전체의 신뢰도를 높이는 데도 기여한다.

이러한 철학적 통찰을 일상에서 구체적으로 실천하는 방법은 의외로 간단하다. 먼저 선택적 느림의 도입부터 시작할 수 있다. 하루 한 끼는 스마트폰 없이 천천히 음미하며 먹고, 급하지 않은 상황에서는 의도적으로 천천히 걷는 것이다. 소통 방식의 변화도 중요하다. 카카오톡 메시지를 받고 즉시 답장해야 한다는 강박에서 벗어나, 일상적 대화는 충분히 생각한 후 답장하는 것이다. 응급상황은 제외하고 최소 10분 후에 답장하는 연습을 하면, 충분히 생각한 답변으로 더 의미 있는 대화를 할 수 있다. 소비 패턴의 점검도 필요하다. 사고 싶은 물건이 있어도 하루 더 기다린 후 결정하고, "정말 필요한가?", "이게 내 삶을 더 풍요롭게 만들까?" 하고 자문해보는 것이다. 물건 구매 대신 여행, 독서, 인간관계에 시간과 돈을 투자하는 것은 더 지속적인 만족을 가져다준다.

　무엇보다 『변성』의 열린 결말은 현실에 대한 성숙한 인식을 보여준다. 작가는 독자들이 원할 만한 완벽한 해피엔딩을 제공하지 않는다. 누송이 돌아와서 취취와 결혼하고 행복하게 살았다는 식의 뻔한 결말 대신, 불확실성과 함께 살아가는 현실을 그대로 드러낸다. 이는 많은 사람들이 완벽한 연인, 완벽한 직장, 완벽한 삶을 추구하는 '완벽주의' 문화에 대한 중요한 시사점을 제공한다. 『변성』의 결말은 불완전함과 불확실성을 받아들이면서도 희망을 잃지 않는 성숙한 삶의 자세를 보여준다. 모든 것이 완벽하게 갖춰지기를 기다리다 보면 평생 아무것도 시작할 수 없다. 불완전한 상황에서도 최선을 다하고, 결과에 대해서는 열린 마음을 갖는 것이 더 현실적이고 건강한 접근이다.

　결론적으로 『변성』이 현대 독자들에게 제공하는 가장 큰 선물은 '불완전한 현실을 받아들이면서도 희망을 잃지 않는 삶의 자세'이다. 취취의 마지막 기다림은 절망이 아니라 희망이며, 포기가 아니라 지속이다. 이는 불확실성의 시대를 살아가는 현대인들에게 가장 필요한 지혜이자 실용적 삶의 기술이라 할 수 있다. 하루에 10분씩 스마트폰 없이 조용히 앉아있는 시간을 갖고, 가족이나 친구와의 대화에서 즉시 답변이나 해결책을 요구하지 않으며, 새로운 물건을 사기 전에 일주일 동안 생각해보고, 자신의 업무가 누군가에게 어떤 도움이 되는지 생각해보는 것 같은 일상의 작은 실천들을 통해 우리는 『변성』의 지혜를 현실에서 구현할 수 있다. 진정한 문학의 힘은 시대와 공간을 초월하여 인간의 보편적 문제에 대한 통찰을 제공하고, 그 통찰이 현실의 삶에서 실용적 지혜로 작용할 수 있게 하는 것이다. 『변성』은 그러한 문학의 힘을 온전히 보여주는 작품이며, 오늘날에도 여전히 우리에게 필요한 삶의 나침반 역할을 하고 있다.

위다푸(郁达夫):『침륜(沉沦)』

1.『침륜』: 작가 소개와 주요 스토리

▶ **작가 소개**

㉠ **출생과 가정 배경:** 위다푸는 1896년 12월 7일 저장성(浙江省) 부양현(富阳县)의 몰락한 지주 가문에서 태어났다. 본명은 위문(郁文)이며, 다푸(达夫)는 자(字)이다. 아버지 위사현(郁士贤)은 사숙의 교사이자 의사였으나, 위다푸가 3세 때 세상을 떠났다. 어머니 육씨(陆氏)는 홀로 3남 1녀를 양육해야 했고, 이로 인해 가정은 극도로 궁핍하였다. 이러한 어린 시절의 경험은 후에 그의 문학에서 아버지 부재와 모성에 대한 그리움으로 형상화되었다.

㉡ **교육과 일본 유학:** 1903년부터 지역 사숙에서 한학을 수학했으며, 어린 나이에도 불구하고 뛰어난 문학적 재능을 보였다. 1913년 17세에 형 위화(郁华)와 함께 일본으로 유학을 떠났다. 처음에는 도쿄제일고등학교 의학부에 입학했으나, 1915년 나고야 제8고등학교로 전학하였다. 이곳에서 그는 의학뿐만 아니라 정치학 강의도 수강했으며, 더욱 중요하게는 다량의 외국 문학 작품들을 접하게 되었다. 톨스토이(Leo Tolstoy), 투르게네프, 하우프트만(Gerhart Hauptmann), 괴테(Johann Wolfgang von Goethe) 등의 작품을 탐독하며 문학적 감수성을 함양하였다. 동시에 일본에서 유행하던 사소

설(私小說)¹⁷⁾의 영향을 받아 개인적 체험을 문학적으로 형상화하는 기법을 습득했다.

ⓒ **창조사 활동과 문학 시작:** 1919년 나고야 제8고등학교를 졸업한 후 도쿄대학 경제학부에 진학하였다. 이 시기에 그는 궈모뤄(郭沫若), 청방우(成仿吾) 등과 만나 1921년 문예사단 창조사(創造社)를 창립하였다. 창조사는 '예술을 위한 예술'을 표방하며 낭만주의적 개성 해방을 추구하였다. 같은 해 10월, 그의 첫 작품집 『침륜』이 출간되었다.

ⓔ **귀국 후 활동:** 1922년 도쿄대학에서 경제학 학사 학위를 취득하고 귀국하였다. 상하이에 거주하다가 베이징대학 통계학 교수로 재직했으나 1년 만에 사퇴하였다. 이후 우창대학, 중산대학교 등에서 교편을 잡았으나 오래 머물지 않고 창작 활동에 전념하였다. 1928년에는 태양사(太陽社)에 가입하여 루쉰의 지지 하에 좌익 문학 활동을 전개하였다.

ⓜ **말년과 죽음:** 중일전쟁이 발발하자 1938년 싱가포르로 이주하였다. 그곳에서 『성보(星报)』 편집장을 맡으며 항일 활동을 전개하였다. 1942년 일본군이 싱가포르를 점령하자 수마트라로 피신하였다. 1945년 9월 17일, 일본이 항복한 직후 일본군 헌병에 의해 살해되었다고 전해지나, 정확한 사망 경위는 여전히 논란이 있다.

---

17) 사소설은 일본 근대문학의 장르로, 작가 자신의 개인적 경험과 내면을 소재로 한 자전적이고 고백적인 소설이다.

▶ 『침륜』: 주요 스토리

㉠ **제1장- 나고야에서의 고독:** 소설은 1910년대 일본 나고야에서 중학교를 다니는 17세 중국인 유학생이 자신의 경험을 1인칭으로 고백하는 이야기로 시작된다. 화자는 자신의 이름을 밝히지 않으며, '나(我)'라는 1인칭 대명사로만 자신을 지칭한다. 그는 중국에서 온 유학생으로서 일본 사회에서 이방인의 설움을 겪는다. 체구가 왜소하고 성격이 내성적인 그는 일본 동급생들과 어울리지 못하고 항상 혼자 지낸다. 학교에서 그는 중국인이라는 이유로 은근한 차별을 받는다. 일본 학생들은 그를 '청국노'라고 부르며 무시한다. 이러한 모욕적인 대우는 그의 자존심에 깊은 상처를 남기고, 점차 그는 자신의 조국과 민족에 대해서도 원망의 감정을 품게 된다. 경제적으로도 매우 궁핍하여 다른 학생들처럼 자유롭게 용돈을 쓸 수 없는 상황이다.

㉡ **제2장-성적 각성과 욕망:** 사춘기에 접어든 주인공은 강렬한 성적 욕구를 느끼기 시작한다. 거리에서 마주치는 일본 여학생들을 보며 성적 환상에 빠진다. 하지만 자신의 처지 때문에 그 누구에게도 접근할 수 없어 좌절감만 쌓여간다. 특히 하숙집 주인의 딸에게 은밀한 감정을 품지만, 언어 장벽과 문화적 차이, 그리고 자신의 열등감 때문에 마음을 표현하지 못한다. 어느 날 그는 목욕탕에서 나체의 일본 여성들을 엿보게 된다. 이 경험은 그의 성적 욕구를 더욱 자극하지만, 동시에 자신의 행동에 대한 죄책감도 느끼게 한다. 중국의 전통적 도덕관념에서 자란 그에게 이러한 행동은 큰 죄악으로 여겨진다.

ⓒ **제3장-자위행위와 도덕적 갈등:** 더 이상 성적 욕구를 참을 수 없게 된 주인공은 자위행위를 하게 된다. 작가는 이 장면을 당시로서는 매우 파격적으로 직접적이고 상세하게 묘사한다. 자위 후 주인공은 극도의 죄책감과 자괴감에 빠진다. 그는 자신을 '더러운 인간', '타락한 존재'로 규정하며 깊은 절망에 빠진다. 이러한 행위를 반복하면서도 끊을 수 없는 자신을 보며, 그는 자신이 구제불능의 타락한 인간이라고 생각한다. 유교적 도덕관념과 현실적 욕구 사이에서 벌어지는 이러한 갈등은 그의 정신을 더욱 병들게 만든다.

ⓔ **제4장-민족적 굴욕감과 조국에 대한 원망:** 개인적 고통이 깊어질수록 주인공은 이를 자신의 조국이 약하기 때문이라고 생각하게 된다. 만약 중국이 강대국이었다면 자신이 일본에서 이러한 멸시와 차별을 당하지 않았을 것이고, 따라서 이러한 비참한 처지에 빠지지도 않았을 것이라고 판단한다. "조국아, 조국아! 나를 이렇게 고통스럽게 한 것은 바로 너다!"라며 조국을 원망한다. 하지만 동시에 조국을 원망하는 자신에 대해서도 죄책감을 느끼는 복잡한 감정 상태에 빠진다. 이는 개인적 고통과 민족적 굴욕감이 복잡하게 얽힌 위다푸 특유의 정서이다.

ⓜ **제5장-절망과 자살 시도:** 모든 괴로움이 극에 달한 어느 날, 주인공은 더 이상 살아갈 이유를 찾지 못하고 죽음을 결심한다. 그는 전도에 대한 미망으로 인해 우울증이 생겨 최종적으로 투해자살을 선택한다. 소설의 마지막에서 주인공은 바다로 향하며, 21세의 청춘년화로 투해자살을 한다. 죽음을 앞둔 마지막 순간, 그는 하늘을 향해 절규한다.

이 절규는 개인적 고통과 민족적 염원을 담고 있으며, 작품은 '조국이 부강해지기를 바라는 열렬한 심원'을 표달하고 있다. 소설은 이렇게 주인공의 자살로 끝난다.

2. 『침륜』: 작품 분석

1) 『침륜』의 창작 배경: 작가의 개인적 경험과 시대적 배경

『침륜』은 1921년 10월 15일에 발표된 위다푸의 첫 단편소설집 표제작이다. 작품의 창작 배경은 위다푸 자신의 일본 유학 경험과 직결된다. 이 작품은 5·4 신문학 운동 초기에 등장하여 중국 현대문학사에서 새로운 전환점을 이루었다. 작품이 다루는 소재와 주제는 당시로서는 극히 파격적이었다. 일본 유학생의 성적 갈등과 자위행위, 민족적 열등감과 조국에 대한 원망 등을 적나라하게 그려내어 문단에 큰 충격을 주었다. 이는 전통적으로 사대부 문학에서 금기시되던 개인적이고 사적인 영역을 문학의 영토로 끌어들인 것으로, 중국 문학의 표현 영역을 크게 확장시켰다.

2) 주제의식의 삼층 구조

▶ **개인적 차원: 성적 각성과 도덕적 갈등**

『침륜』의 가장 핵심적이면서도 논란이 된 부분은 주인공의 성적 욕망에 대한 솔직하고 적나라한 묘사이다. 17세 사춘기 청년인 주인공은 일본에서 유학하면서 강력한 성적 충동을 경험하게 된다. 하지만 '자신의 처지' '경제적 궁핍', '언어적 장벽', '문화적 차이', 그리고 무엇보다 중국인이라는 '민족적 열등감' 때문에 그 누구에게도 접근할 수 없어 좌절감만 쌓여간다. 결국 주인공은 자위행위를 통해 성적 욕구를 해결하게 되는데, 작가는 이 장면을 당시로서는 매우 파격적으로 직접적이고 상세하게 묘사한다. "그는 자신의 몸을 더럽혔다"는 표현으로 시작되는 이 부분은 단순한 성적 묘사를 넘어서 인간의 자연스러운 본능과 도덕적 관념 사이의 갈등을 압축적으로 보여준다. 자위 후 주인공이 느끼는 극도의 죄책감과 자괴감은 중국 전통 사회의 유교적 금욕주의가 개인의 정신에 미친 깊은 영향을 드러낸다. 이러한 양면적 태도는 전통적 도덕관념과 근대적 개성 사이에서 길을 찾지 못하는 과도기적 인간의 모습을 사실적으로 보여준다.

▶ 사회적 차원: 문화적 소외와 정체성 혼란

주인공이 일본에서 경험하는 소외감은 단순한 개인적 성격의 문제가 아니라 문화적 경계인으로서의 구조적 모순에서 비롯된다. 그는 물리적으로는 일본에 있지만 정신적으로는 어디에도 완전히 속하지 못하는 이중적 소외를 경험한다. 일본 문화에 완전히 동화되지도 못하고 그렇다고 중국 전통에 안주하지도 못하는 경계인의 위치에서 깊은 정체성 혼란을 겪는다. 일본 학교에서 주인공이 겪는 차별은 개인적 모욕을 넘어서 민족적 굴욕으로 확대된다. 일본 학생들이 그를 "청국노"라고 부르며 무시하는 것은 당시 동아시아 국제 관계에서 중국이 처한 열악한 지위를 상징적으로 드러낸다. 이는 개인의 고통이 단순히 개인적 불운이 아니라 역사적, 사회적 조건에 의해 구조화된 것임을 보여준다.

언어와 문화의 장벽, 경제적 소외도 중요한 요인이다. 주인공은 일본어를 어느 정도 구사할 수 있지만 완전한 소통은 불가능하다. 특히 하숙집 딸에게 자신의 감정을 표현하지 못하는 것은 언어적 한계와 문화적 차이 때문이다. 이는 단순한 의사소통의 문제를 넘어서 문화적 정체성의 근본적 혼란을 보여준다.

▶ 민족적 차원: 열등감과 조국에 대한 양가 감정

『침륜』에서 가장 복잡하고 논란이 되는 부분은 주인공이 보여주는 민족적 정서이다. 개인적 고통이 깊어질수록 주인공은 자신의 불행을 개인적 문제가 아닌 조국이 약하기 때문이라고 인식하게 된다. "조국아, 조국아! 나를 이렇게 고통스럽게 한 것은 바로 너다!"라는 절규는 개인의 운명과 민족의 운명을 직결시키는 위다푸 특유의 상상력을 보여준다. 이러한 논리는 일견 지나치게 단순해 보이지만, 당시의 역사적 맥락에서는 나름의 합리성을 갖는다. 아편전쟁 이후 중국이 서구 열강들에게 당한 굴욕적 경험들, 그리고 청일전쟁(1894-95)과 러일전쟁(1904-05)을 통해 드러난 중국의 군사적 열세는 해외에 거주하는 중국인들의 사회적 지위에 직접적 영향을 미쳤다. 특히 청일전쟁 이후 중국이 일본에 대만과 요동반도를 할양하고 막대한 배상금을 지불한 것은 일본 내 중국인들의 위상을 크게 떨어뜨렸다. 따라서 주인공이 일본에서 겪는 차별을 민족적 문제로 인식하는 것은 단순한 피해 의식이 아니라 현실에 대한 정확한 인식이기도 했다.

하지만 동시에 주인공은 조국에 대한 원망과 함께 강렬한 사랑의 감정도 보여준다. 작품의 마지막 장면에서 바다에 뛰어들며 외치는 "조국아! 너는 빨리 부강해져라! 그러면 나와 같은 아들들이 더 이상 이런 고통을 당하지 않을 것이다!"는 절규는 원망과 사랑이 복합적으로 표현된 것이다. 이는 근대 초기 중국 지식인들의 조국에 대한 복잡한 심경을 잘 보여준다.

3) 문학적 기법과 표현 특성

『침륜』은 전통적인 기승전결의 플롯 대신 주인공의 의식의 흐름을 따라 전개되는 심리적 리얼리즘 기법을 채택했다. 외적 사건의 순차적 전개보다는 내적 체험의 층위별 심화에 초점을 맞춤으로써 독자로 하여금 주인공의 내면세계에 깊이 몰입할 수 있게 한다.

서술 시점의 활용도 매우 독창적이다. 대부분의 작품들은 기본적으로 3인칭 전지적 시점을 취하지만『침륜』은 1인칭 고백체를 사용한다.[18] 이러한 시점의 변화는 객관적 관찰과 주관적 체험을 자유롭게 오가며, 서술의 거리감을 조절하여 독자의 감정적 몰입도를 극대화하는 효과를 가져온다.

『침륜』의 문학적 기법은 서구 모더니즘 문학, 특히 러시아 심리소설의 영향을 받았다. 도스토예프스키의『지하로부터의 수기(Notes from Underground)』나 투르게네프의『여분의 인간(The Superfluous Man)』시리즈에서 보이는 내적 독백과 심리 분석 기법이『침륜』에서도 나타난다. 하지만 위다푸는 이러한 서구 기법을 단순히 모방하지 않고 중국적 정서와 동양적 미감을 결합시켜 독특한 문학적 성취를 이루었다.

언어 표현 면에서는 백화문의 가능성을 충분히 활용하면서도 서정적 운율감을 잃지 않는 절묘한 균형을 보여준다. 일본어 단어나 표현이 적절히 혼용되어 주인공이 처한 문화적 경계 상황을 언어적으로도 형상화한다. 상징과 은유의 사용도 매우 정교하다. 바다는 작품 전체를 관통하는 핵심 상징으로서 죽음과 재생, 절망과 해방을 동시에 의미한다.

---

18) 이러한 소설의 종류를 자전소설이라고 한다. 자전소설은 작가의 실제 경험을 바탕으로 문학적으로 재구성한 소설로, 1인칭 서술을 통해 내면을 직접 전달하며 성장 과정을 시간순으로 그린다. 사실과 허구가 결합되어 고백적 성격과 현실감을 지니지만, 주관성에 따른 객관성의 한계와 사실-허구 경계의 모호함이 존재한다.

주인공의 마지막 투신은 개인적 소멸이면서 동시에 민족적 각성을 위한 상징적 제의로 기능한다.

4) 문학사적 의의와 영향

㉠ **표현 영역의 확장:** 『침륜』은 성적 욕망에 대한 솔직한 묘사와 개인적 감정의 적나라한 노출로 중국 문학의 금기를 깨뜨리고 문학의 영토를 크게 확장시켰다. 이는 이후 중국 현대소설이 인간의 내면 세계를 더욱 깊이 있고 다양하게 탐구할 수 있는 토대를 마련했다.

㉡ **후속 작품들에 미친 영향:** 심리소설과 자전적 소설의 발전에 미친 영향은 지대하다. 바진의 『가』에서 보이는 각신(覚新)의 내적 갈등[19], 라오서의 『낙타상자』에서 상자의 심리적 변화 과정은 모두 『침륜』이 개척한 심리 묘사 기법의 발전된 형태라 할 수 있다. 또한 장아이링의 『금쇄기』에서 보이는 개인적 체험의 문학적 형상화나 션충원의 『변성』에서 개인의 운명을 민족적 의미로 확장시키는 기법도 『침륜』의 영향을 받은 것으로 평가된다. 특히 개인사와 민족사를 연결시키는 독창적 서사 구조는 이후 중국 현대소설의 중요한 특징 중 하나가 되었다. 이는 서구 개인주의 문학을 단순히 모방하지 않고 중국적 현실에 맞게 창조적으로 수용한 결과로 평가된다.

---

19) 각신은 고씨 가문의 장남으로서 근대적 교육을 받았지만 전통적 가부장제 사회에서 가족에 대한 책임을 져야 하는 이중적 처지에 놓인 인물이다. 그의 내적 갈등은 개인의 자유의지와 가족 책임감 사이의 충돌로 나타나며, 특히 자유연애와 가족이 정한 결혼 사이에서 갈등한다. 이는 전통과 근대 사이에서 고민하는 중국 지식인의 전형적 모습을 보여준다.

ⓒ **비판적 관점:** 하지만 『침륜』에 대한 비판도 적지 않다. 우선 지나친 개인주의적 경향으로 인해 일부 젊은 작가들이 현실 도피적 성향을 보이게 되었다는 지적이 있다. 1930년대 좌익 문학이 대두되면서 『침륜』류의 감상적 낭만주의가 강하게 비판받았는데, 이는 개인의 주관적 감정에만 매몰되어 객관적 현실 인식이 부족하다는 이유에서였다. 또한 주인공의 자학적 민족주의에 대한 비판도 제기된다. 개인적 불행을 모두 조국의 약함 탓으로 돌리고 자살로써 항의한다는 것은 개인의 주체성을 포기하는 도피적 사고라는 지적이다. 이는 현실을 변혁하려는 적극적 의지보다는 감상적 자기연민에 빠져있다는 비판으로 이어진다. 성적 표현의 과도함에 대한 우려도 있었다. 일부에서는 이러한 묘사가 문학의 상업화와 저속화를 초래할 수 있다는 염려를 표했다. 하지만 이는 문학의 진정성과 표현의 자유라는 관점에서 지속적인 논쟁의 대상이 되고 있다. 그럼에도 불구하고 『침륜』이 중국 현대문학사에서 차지하는 위치는 여전히 독보적이다. 이 작품은 단순히 하나의 소설을 넘어서 새로운 문학적 패러다임의 출발점이라는 점에서 그 의의를 찾을 수 있다.

3. 『침륜』이 현대 한국사회에 던지는 메시지: 소외감의 현대적 의미

위다푸의 『침륜』에서 주인공이 경험하는 소외감은 단순한 개인적 문제가 아니다. 그것은 근대화 과정에서 개인이 마주할 수밖에 없는 구조적 문제의 전형을 보여준다. 주인공의 소외는 문화적, 경제적, 정서적 차원에서 동시에 발생하며, 이는 100년이 지난 현재에도 여전히 유효한 현대인의 실존적 조건을 드러낸다.

1) 소외의 구조와 현대적 변화

주인공의 문화적 소외는 중국에서 온 유학생으로서 일본 사회에서 영원한 이방인이 되는 상황에서 비롯된다. 그는 일본어를 구사하지만 완전히 소통할 수 없고, 일본 문화를 이해하려 하지만 내면 깊숙이 받아들일 수 없다. 동시에 고향인 중국으로부터도 물리적으로, 심리적으로 단절되어 있다. "나는 중국 사람이다… 나는 개개!"라는 주인공의 절규는 자신의 정체성에 대한 절망적 확인이자, 그 정체성 때문에 겪어야 하는 소외에 대한 분노의 표출이다.

이러한 문화적 소외는 현대 한국 사회에서 새로운 양상으로 나타난다. 디지털 네이티브 세대와 기성세대 간의 소통 단절, 글로벌 문화와 전통 문화 사이에서의 정체성 혼란, 그리고 무엇보다 개인주의 문화 속에서의 소속감 부재가 그것이다. 특히 SNS를 통해 수백 명의 '친구'와 연결되어 있으면서도 진정한 소통에서는 더욱 멀어져 있는 현상은 『침륜』 주인공의 소외감과 본질적으로 동일하다.

경제적 소외 역시 구조는 유사하지만 그 양상이 더욱 복잡해졌다. 과거 주인공이 카페에서 커피 한 잔을 마시는 것조차 부담스러워했다면, 현재 대학생들은 '스펙' 쌓기를 위한 각종 비용에 압박받는다. 토익 학원비, 자격증 응시료, 인턴 활동비 등이 새로운 형태의 경제적 소외를 만들어낸다. 더 중요한 것은 이러한 경제적 격차가 단순히 물질적 박탈감으로 그치지 않고 자존감의 훼손으로 이어진다는 점이다.

정서적 소외는 가장 깊고 근본적인 형태로, 현대에 와서 더욱 심화되었다. 『침륜』의 주인공이 자신의 내면 깊숙한 고통과 갈등을 나눌 상대가 없어 고립되었다면, 현대인들은 과도한 경쟁 구조 속에서 동료마저 경쟁자로 인식하게 되면서 진정한 연대와 공감의 기회를 잃고 있다. 모든 관계가 네트워킹의 관점에서 평가되고, 개인의 가치가 수치화된 지표로 측정되는 환경에서 깊은 인간관계를 맺는 것은 점점 어려워지고 있다.

2) 열등감의 사회적 뿌리

『침륜』에서 주인공의 열등감은 개인적 성격 결함이 아니라 당시 중국이 처한 반식민지적 상황에서 비롯된 구조적 현상이다. "나는 중국의 무력한 국민이다"라는 주인공의 독백은 개인의 능력 부족이 아닌, 자신이 속한 국가와 민족의 '약함'에서 비롯된 집단적 열등감을 보여준다. 특히 일본 여성들과의 관계에서 드러나는 성적 무력감은 식민지적 상황에서 '열등한 민족'의 남성이 겪는 구조적 한계의 표출이다.

현대 한국 사회에서 이러한 구조적 열등감은 '스펙 사회'의 무한 경쟁 구조로 전환되었다. 학점, 토익 점수, 자격증 개수, 공모전 수상 경력 등 개인의 모든 것이 수치로 환산되어 비교된다. 아무리 좋은 성과를 거두어도 더 나은 사람이 항상 존재하는 무한경쟁의 구조 속에서, 개인은 끊임없는 열등감에 시달린다. 특히 SNS의 비교 증폭 효과는 이를 더욱 심화시킨다. 타인의 편집된 행복한 순간들과 자신의 평범한 일상을 비교하며 느끼는 상대적 박탈감은 현대적 열등감의 전형이다.

현대 청년세대의 열등감에는 완벽주의적 성향이 더해진다. 경쟁 사회에서 살아남기 위한 적응 전략이지만, 동시에 끝없는 자기 비판과 열등감의 원천이 되기도 한다. 95점을 받아도 100점이 아니라는 이유로 좌절하고, 작은 실수도 용납하지 못하는 완벽주의는 실패에 대한 극도의 두려움을 만들어낸다. 이는 결국 도전 회피나 과도한 준비로 이어져 더 큰 좌절감을 낳는 악순환을 만든다.

3) 우울과 절망에서 희망 찾기

『침륜』의 주인공이 경험하는 우울은 단순한 기분 저하가 아니라 존재 자체에 대한 회의와 절망이다. "바다에 몸을 던지고 싶다"는 그의 충동은 현실 도피가 아닌 실존적 절망의 표현이다. "나는 왜 살아야 하는가?"라는 그의 질문은 전통적 가치와 의미 체계가 무너진 상황에서 개인이 스스로 삶의 의미를 찾아야 하는 부담을 보여준다.

현대 한국 청년세대의 우울은 이와 유사하지만 더욱 복합적인 양상을 띤다. 겉으로는 일상생활을 유지하면서도 내면적으로는 우울, 무기력, 절망감을 겪는 경우가 많다. 이는 발견과 치료가 어렵고 내적 고통이 누적될 수 있다는 점에서 더욱 위험하다. 특히 높은 자기 기대와 사회적 압박, 성취 기준에 대한 부담이 우울 증상과 밀접하게 연관되어 있다. 사회적 소외감과 관계적 어려움, 미래에 대한 불안과 경제적 스트레스가 복합적으로 작용하여 청년 우울의 주요 원인이 된다.[20] 취업난, 경제적 불안, 미래에 대한 불확실성이 만드는 절망감은 『침륜』 주인공의 그것과 본질적으로 동일하다.

하지만 『침륜』의 주인공의 가장 큰 비극은 자신의 고통을 혼자 감당하려 했다는 점이다. 그에게 진정으로 마음을 털어놓을 수 있는 사람이 있었다면, 상황은 달라졌을 수도 있다. 현대를 사는 우리에게는 다행히

---

20) 김지경외 2인, 『20대 청년 심리·정서 문제 및 대응방안 연구』, 한국청소년정책연구원 보고서. pp.1-397. 23쪽

다양한 도움의 창구가 있으며, 무엇보다 중요한 것은 도움을 요청하는 것이 약함의 표시가 아니라 용기의 표현이라는 인식이다.

우울과 절망을 극복하기 위해서는 통합적 접근이 필요하다. 생물학적으로는 규칙적인 생활 리듬과 적절한 운동, 심리학적으로는 부정적 사고 패턴의 인식과 개선, 사회적으로는 지지 체계의 구축과 고립 방지가 중요하다. 특히 자신의 감정을 정확히 인식하고 표현하는 연습, 비교 대상을 타인에서 과거의 자신으로 전환하는 것, 불완전함을 수용하고 실패를 학습의 기회로 재해석하는 관점 변화가 필요하다.

4) 문학이 제시하는 희망

『침륜』의 진정한 가치는 절망을 그대로 드러내는 것에서 끝나지 않고, 그 절망을 직시하고 표현하는 것 자체가 치유의 시작이 될 수 있음을 보여준다는 점이다. 주인공의 내면 독백과 자기 성찰은 고통스럽지만, 동시에 자신의 상황을 객관화하고 이해하려는 노력의 표현이기도 하다. 특히 작품에서 주인공이 "나는 왜 이렇게 살아야 하는가?"라고 끊임없이 자문하는 과정은 단순한 자기 연민이 아니라 자신의 처지를 냉철하게 분석하고 그 원인을 파악하려는 의식적 노력을 보여준다.

이러한 자기 성찰의 과정에서 주인공은 점차 자신의 고통이 개인적 결함에서 비롯된 것이 아니라는 것을 깨달아간다. 가난한 유학생으로서의 처지, 이방인으로서의 소외감, 시대적 상황의 제약 등을 객관적으로 인식하게 되면서, 자기 비난에서 벗어나 상황에 대한 이해로 나아간다. 이는 현대 심리학에서 말하는 '인지적 재구성'과 유사한 과정이다. 문제를 다른 관점에서 바라보게 되면서, 절망적이던 상황에서도 새로운 가능성을 발견하게 되는 것이다.

현대를 살아가는 우리에게 『침륜』이 던지는 메시지는 명확하다. 소외와 열등감, 우울과 절망은 개인의 문제가 아니라 사회구조적 문제이며, 따라서 개인적 해결책뿐만 아니라 사회적 인식 변화와 제도적 개선이 함께 이루어져야 한다는 것이다. 동시에 그러한 고통을 경험하는 것 자체가 인간의 자연스러운 조건이며, 이를 부끄러워하거나 혼자 감당하려 하지 말고 적극적으로 도움을 구하고 연대해야 한다는 것이다.

무엇보다 중요한 것은 고통을 표현하는 것 자체가 갖는 치유적 힘이다. 『침륜』의 주인공이 자신의 고통을 글로 표현했듯이, 현대인들도 자신만의 방식으로 내면의 고통을 외부로 표현할 필요가 있다. 이는 반드시 글쓰기일 필요는 없다. 신뢰할 수 있는 친구나 가족과의 진술한 대화, 상담사와의 전문적 대화, 예술 활동을 통한 감정 표현, 온라인 커뮤니티에서의 경험 공유 등 다양한 방식이 있다. 중요한 것은 고통을 내면에만 묻어두지 않고 외부로 표출하는 것이다. 또한 타인의 고통에 대한 공감과 이해도 중요하다. 『침륜』을 읽는 독자들이 주인공의 고통에 공감할 수 있는 것은 그 고통이 개인적 경험을 넘어선 보편적 인간 조건이기 때문이다. 현대 사회에서도 누군가의 어려움을 듣고 공감할 때, 그 사람은 자신이 혼자가 아니라는 것을 깨닫게 된다. 이러한 상호 공감과 지지가 바로 소외에서 연대로 나아가는 구체적 방법이다.

실제로 많은 대학생들이 익명 온라인 게시판이나 SNS에서 자신의 고민을 털어놓고, 비슷한 처지의 사람들과 소통하며 위로를 받는다. 이는 『침륜』 주인공의 내면 독백이 현대적 형태로 구현된 것이라고 볼 수 있다. 혼자만의 고통이라고 여겼던 것이 실은 많은 사람들의 공통된 경험이라는 것을 알게 되면서, 자연스럽게 자기 비난에서 벗어나고 상황에 대한 객관적 이해로 나아갈 수 있다.

결국 『침륜』이 제시하는 희망은 거창한 해결책이 아니라 작은 연결과 소통에서 시작된다. 자신의 고통을 숨기지 않고 표현하는 용기, 타인의 고통에 공감하는 마음, 그리고 함께 문제를 해결해나가려는 연대의 의지가 절망에서 희망으로, 소외에서 연대로 나아가는 구체적이고 실현 가능한 첫걸음이 될 것이다.

4. 비평적 조명: 세기를 넘나드는 청년의 고민
-「침륜」과 현재 청년세대와의 대화

　100년의 시간이 흘렀다. 1921년 위다푸가 『침륜』을 발표했을 때, 그 속의 젊은 중국인 유학생이 일본에서 겪었던 고통과 절망이 2025년을 사는 한국 대학생들의 마음에 여전히 울림을 준다는 것은 놀라운 일이다. 시대도, 국가도, 언어도 다르지만, 청년이라는 존재가 마주하는 근본적 고민은 크게 달라지지 않았다는 증거일 것이다.

　『침륜』의 주인공을 A라고 하자. 그리고 2025년 서울의 한 대학에 다니는 학생을 B라고 하자. 이 둘 사이에는 어떤 대화가 가능할까? 100년의 시공간을 뛰어넘어 만난다면, 그들은 서로를 이해할 수 있을까?

　A는 말할 것이다. "나는 어디에도 속하지 못한다. 중국에서는 서구 문물에 물든 청년이라 손가락질받고, 일본에서는 열등한 민족의 일원으로 멸시받는다. 나는 과연 누구인가?" B는 고개를 끄덕일 것이다. "나도 마찬가지다. 부모 세대가 원하는 모습과 내가 되고 싶은 모습 사이에서 갈등한다. 사회는 나에게 성공을 요구하지만, 그 성공이 진정 내가 원하는 것인지 확신할 수 없다." 이것이 바로 정체성의 위기다. A의 시대에는 전통과 근대, 동양과 서양 사이에서의 선택이 문제였다면, B의 시대에는 무수히 많은 선택지 앞에서의 혼란이 문제다. 하지만 본

질은 같다. "나는 누구이고, 어떻게 살아야 하는가?"라는 근본적 물음 앞에서 길을 잃는다는 점에서 말이다.

A는 경제적 어려움 때문에 고통받았다. 가난한 유학생으로서 일본 사회에서 느끼는 위축감은 그의 자존심을 갉아먹었다. 카페에서 커피 한 잔 사 마시는 것도 부담스러워하며, 동급생들과의 격차를 뼈저리게 느꼈다. B 역시 비슷한 경험을 한다. 등록금과 생활비 때문에 아르바이트에 시달리고, 비싼 브랜드 옷을 입은 동기들을 보며 상대적 박탈감을 느낀다. 해외여행을 자유롭게 다녀오는 친구들의 SNS를 보며 스스로를 초라하게 여긴다.

"돈이 없다는 것이 이렇게 마음을 비참하게 만드는구나." A의 탄식에 B가 답한다. "지금도 마찬가지야. 경제적 격차가 곧 인간적 격차인 것처럼 느껴질 때가 있어. 같은 대학을 다녀도 우리는 완전히 다른 세계에 살고 있는 것 같아."

하지만 두 사람의 경험에는 중요한 차이도 있다. A의 열등감은 주로 집단적 정체성에서 비롯되었다. 중국인이라는 민족적 정체성, 식민지적 상황에서 오는 문화적 열등감이 개인의 자존감을 짓눌렀다. 반면 B의 열등감은 더욱 개인화되고 세분화되어 있다. 학점, 토익 점수, 자격증, 인턴 경험, 외모, 인간관계 등 무수히 많은 영역에서 끊임없이 자신을 타인과 비교하며 부족함을 느낀다. "너희 시대에는 비교할 대상이 몇 명이나 되었니?" B가 묻는다. A는 답한다. "주로 같은 학교 일본 학생들, 그리고 몇몇 서구인들이었지. 그들과 비교하며 우리 민족의 처지를 한탄했어." B는 한숨을 쉰다. "지금은 전 세계가 비교 대상이야. SNS를 통해 전 세계 또래들의 삶을 실시간으로 볼 수 있거든. 하버드에 가는 친구, 창업에 성공한 동갑내기, 연예인처럼 예쁜 인플루언서까지. 끝이 없어." 이는 현대적 소외의 특징을 잘 보여준다. A는 물리적으로 고립되어 있었다면, B는 연결되어 있지만 소외된상태다. 수백 명의 SNS 친구가 있고, 카톡방도 여러 개 들어가 있지만, 정작 진심을 나눌 상대는 찾기 어렵다. 모든 것이 즉석 메시지로 처리되고, 깊은 대화는 점점 사라진다. A는 자신의 성적 욕망과 무력감 때문에 괴로워했다. 일본 여성들 앞에서 느끼는 열등감은 단순한 개인적 문제가 아니라 식민지적 남성성의 위기였다. B의 시대에도 성과 관련된 고민은 여전하다. 다만 그 양상이 달라졌을 뿐이다. 연애와 성에 대한 정보는 넘쳐나지만, 정작 진정한 관계를 맺는 것은 더 어려워졌다. 외모에 대한 압박은 더욱 극심해졌고, 연애마저 스펙의 일부로 여겨지는 현실이다.

"사랑은 어땠어?" B가 조심스럽게 묻는다. A는 쓸쓸하게 웃는다. "사랑받고 싶었지만, 사랑할 자격이 없다고 생각했어. 가난하고 초라한 내가 무엇을 줄 수 있겠어?" B도 공감한다. "지금도 비슷해. 연애도 일종의 경쟁이야. 외모, 스펙, 경제력까지 다 갖춰야 사랑받을 자격이 있다고 여겨져. 연애 앱에서는 프로필 사진과 간단한 정보로 사람을 평가하거든." 두 사람 모두 죽음에 대한 생각을 해봤다. A는 바다에 몸을 던지고 싶다는 충동을 느꼈고, B도 때로는 모든 것을 포기하고 싶다는 생각이 든다. 하지만 그 이유는 조금 다르다. A의 절망은 명확한 대상이 있었다. 식민지적 현실, 경제적 곤란, 문화적 갈등 등 구체적인 상황에서 비롯된 것이었다. 반면 B의 우울은 더욱 모호하고 복합적이다. 특별한 사건이 없어도 찾아오는 공허감, 미래에 대한 막연한 불안, 삶의 의미에 대한 회의 등이 뒤섞인 형태다. "죽고 싶다는 생각이 들 때가 있어?" A가 솔직하게 묻는다. B는 잠깐 망설이다 답한다. "가끔. 하지만 정말 죽고 싶은 건 아니야. 그냥… 이런 상황에서 벗어나고 싶은 거지. 경쟁과 비교, 불안과 압박에서 자유로워지고 싶어." A는 고개를 끄덕인다. "그래, 나도 그랬어. 죽음이 해방처럼 느껴질 때가 있었지."

하지만 두 사람에게는 공통점이 있다. 바로 자기 성찰 능력이다. A는 자신의 고통을 글로 써서 객관화할 수 있었고, B도 자신의 상황을 되돌아보고 분석할 줄 안다. 이것 자체가 희망의 씨앗이다. 고통을 인식하고 표현할 수 있다는 것은 그것을 극복할 가능성이 있다는 뜻이기 때문이다.

"그럼 우리는 어떻게 살아야 할까?" B가 묻는다. A는 자신의 경험을 토대로 답한다. "나는 고통을 회피하지 않기로 했어. 그 안에서 나를 더 깊이 이해하려고 노력했지. 그리고 내 경험을 글로 써서 다른 사람들과 나누었어. 혼자가 아니라는 것을 알게 되었지."

B도 자신의 방식을 이야기한다. "나는 비교를 줄이려고 노력해. SNS 시간을 제한하고, 다른 사람이 아닌 과거의 나와 비교하려고 해. 그리고 상담센터에서 도움을 받기도 했어. 혼자 견디지 않아도 된다는 걸 배웠거든." 두 사람의 대화에서 중요한 깨달음이 나온다. 시대가 바뀌어도 청년이 겪는 고민의 본질은 비슷하다는 것이다. 정체성 혼란, 소외감, 열등감, 미래에 대한 불안 등은 청년기의 보편적 경험이다. 하지만 각 시대마다 그 양상과 해결 방법은 달라진다.

A의 시대에는 집단적 해결책을 찾으려 했다. 민족의 해방, 사회의 변혁을 통해 개인의 문제도 해결되리라 믿었다. B의 시대에는 더욱 개인적인 해결책을 모색한다. 상담, 치료, 자기계발 등을 통해 개인이 스스로를 치유하려 한다. "어느 쪽이 더 나은 방법일까?" A가 묻는다. B는 생각해본다. "둘 다 필요한 것 같아. 개인의 노력만으로는 한계가 있고, 사회가 바뀌기만을 기다릴 수도 없어. 개인적 치유와 사회적 변화가 함께 이루어져야 하지 않을까?"

이들의 대화에서 현대 대학생들이 얻을 수 있는 교훈은 무엇일까? 첫째, 자신의 고통이 개인적 결함 때문이 아니라는 것이다. 그것은 시대를 초월한 청년기의 보편적 경험이며, 사회구조적 문제와도 깊이 연관되어 있다. 둘째, 고통을 회피하지 말고 직면할 때 성장이 가능하다는 것이다. A가 자신의 경험을 문학으로 승화시켰듯이, 우리도 우리의 고통을 창조적으로 전환할 수 있다. 셋째, 혼자가 아니라는 사실이다. A도 결국 자신의 이야기를 세상에 내놓음으로써 많은 사람들과 소통할 수 있었다. B도 상담센터, 친구들, 가족과의 관계 속에서 지지를 받는다. 고립감을 느낄 때일수록 다른 사람들과의 연결을 찾아야 한다. 넷째, 완벽함보다는 진정성이 중요하다는 것이다. A는 자신의 추악한 면까지도 솔직하게 드러냈다. 그랬기에 오히려 많은 사람들의 공감을 얻을 수 있었다. B의 시대에는 SNS의 완벽한 이미지들 때문에 자신의 부족함만 보이기 쉽지만, 진정한 관계는 서로의 불완전함을 인정할 때 시작된다. 마지막으로, 희망을 잃지 않는 것이다. A는 절망적 상황에서도 글을 쓸 수 있었고, 그것이 후대에까지 영향을 미쳤다. B도 현재의 어려움이 영원하지 않다는 것을 알고 있다. 위기는 동시에 기회이며, 고통 속에서도 성장과 변화의 가능성은 열려 있다.

  A와 B의 대화는 계속된다. 100년이라는 시간의 간격에도 불구하고, 그들은 서로를 이해하고 위로한다. 이것이 바로 문학의 힘이고, 인간 경험의 보편성이다. 『침륜』은 단순히 100년 전의 이야기가 아니라, 지금 이 순간을 살아가는 우리의 이야기이기도 하다. 현대의 대학생들이 『침륜』을 읽어야 하는 이유가 여기에 있다. 그것은 단순히 고전을 공부하기 위해서가 아니라, 자신의 현재를 더 깊이 이해하기 위해서다. A의 목소리를 통해 우리는 B의 목소리를, 즉 우리 자신의 목소리를 더 선명하게 들을 수 있다.

  세기를 넘나드는 이 대화는 끝나지 않는다. 앞으로도 새로운 세대의 청년들이 등장할 것이고, 그들 역시 A와 B가 겪었던 비슷한 고민들을 마주하게 될 것이다. 그때마다 이 대화는 새로운 참여자를 맞이하며 계속될 것이다. 고민은 대물림되지만, 지혜와 희망도 함께 전수된다. 이것이 바로 인간이 문학을 통해 서로를 이해하고 위로하는 방식이다.

▍라오서(老舍):『낙타샹쯔(骆驼祥子)』

1.『낙타샹자』작가 소개와 주요 스토리

▶ **작가소개 : 라오서**(老舍, 1899-1966)

라오서(본명: 슈칭춘 舒庆春)는 20세기 중국을 대표하는 작가 중 하나다. 베이징 출신으로 만주족 가정에서 태어났으며, 어려서 아버지를 잃고 가난한 환경에서 자랐다. 아버지 슈융서우(舒永寿)는 1900년 8국 연합군 침입 시 정양문에서 전사했기 때문에, 라오서가 1세 때 세상을 떠났다. 어머니 슈마씨(舒马氏)는 홀로 자녀들을 키워야 했고, 이로 인해 가정은 극도로 궁핍했다. 이러한 어린 시절의 경험이 후에 그의 작품에서 서민층에 대한 깊은 이해와 애정으로 나타난다.

라오서는 베이징 사범학교를 졸업한 후 초등학교 교장으로 일했고, 1924년 영국으로 건너가 런던대학교에서 중국어를 가르치며 본격적인 문학 활동을 시작했다. 영국에서 디킨스(Dickens)와 콘래드(Conrad) 등 서구 문학을 접하며 사실주의 문학 기법을 익혔다. 1930년 중국으로 돌아온 후 제남, 청도 등지의 대학에서 교편을 잡으면서 창작에 몰두했다.『낙타샹자』(1936)는 이 시기의 대표작으로, 중국 현대문학사에서 가장 중요한 작품 중 하나로 평가받는다. 라오서의 작품 특징은 베이징

방언의 생생한 구사, 서민들의 일상생활에 대한 세밀한 묘사, 유머와 풍자가 어우러진 문체다. 특히 베이징의 하층민들의 삶을 애정 어린 시선으로 그려내는 데 탁월했다. 라오서는 문화대혁명 시기인 1966년 8월 24일 홍위병들의 탄압을 받다가 베이징 타이핑 호수(太平湖)에서 익사체로 발견되었다. 공식적으로는 자살로 처리되었지만, 실제로는 정치적 탄압의 희생자였다는 것이 정설이다. 그의 죽음은 중국 현대문학사의 큰 비극으로 여겨진다.

▶ 『낙타상자』 주요 스토리

㉠ **상자, 베이징에 꿈을 가지고 오다:** 상자는 시골에서 베이징으로 온 건장한 청년이다. 키도 크고 힘도 세서 인력거꾼으로 일하기에 딱 이었다. 다른 인력거꾼들이 술 마시고 도박하며 하루 번 돈을 하루에 다 써버릴 때, 상자는 달랐다. 술도 안 마시고, 담배도 안 피우고, 여자들과도 어울리지 않았다. 상자에게는 꿈이 있었다. 바로 자기만의 인력거를 갖는 것이었다. 지금처럼 남의 인력거를 빌려서 하루 종일 끌고 다니며 임대료를 내는 게 아니라, 진짜 내 것을 갖는 것 말이다. 새 인력거 한 대는 인력거꾼이 오랜 기간 벌어야 하는 상당한 돈이었다. 상자는 정말 열심히 일했다. 새벽부터 밤늦게까지, 비가 와도 눈이 와도 나가서 일했다. 다른 사람들이 "미쳤나?" 할 정도로 악착같이 일해서 마침내 자기 인력거를 샀다. 그날 상자가 얼마나 기뻤을지 상상이 된다.

㉡ **첫 번째 재앙-전쟁이 모든 걸 앗아가다:** 하지만 행복도 잠깐이었다. 당시 중국은 군벌들이 여기저기서 전쟁을 벌이던 혼란스러운 시대였다. 상자는 평소보다 돈을 많이 준다는 말에 속아서 위험한 지

역으로 손님을 태워갔다가 군인들에게 붙잡혔다. 군인들은 상자의 인력거를 그냥 빼앗아버렸다. 상자는 며칠간 강제로 부역을 당했고, 전세가 불리해진 군인들이 도망갈 때 겨우 탈출했다. 도망치면서 버려진 낙타들을 발견해서 이것들을 끌고 베이징으로 돌아왔다. 낙타를 팔아서 얻은 돈은 그동안의 노력에 비하면 정말 한심한 금액이었다. 사람들은 이때부터 그를 '낙타상자'라고 불렀다. 오랜 노력이 하루아침에 날아간 것이다.

ⓒ **류사부 집에서의 새 출발, 그리고 호랑이의 덫**: 절망한 상자는 류사부라는 노인이 운영하는 인력거 대여소에서 일하게 됐다. 류사부는 교활한 영감으로, 많은 인력거를 가지고 있는 업주였다. 겉으로는 "젊은이들을 도와주는 착한 영감"인 척했지만, 실제로는 인력거꾼들을 쥐어짜는 악덕 사장이었다. 류사부에게는 딸 후뉴(虎妞)가 있었다. 이름부터 무서운 이 여자는 정말 호랑이같이 성격이 사나웠다.[21] 외모도 별로였지만 아버지 사업의 실질적인 관리자였다. 결혼도 안 하고 평생 아버지 곁에서 돈 관리를 했다. 후뉴는 상자를 눈여겨보기 시작했다. 다른 남자들과 달리 술 안 마시고, 성실하고, 건장한 상자가 마음에 들었던 것이다. 어느 날 밤, 류사부가 나간 사이에 후뉴는 술에 취한 척하며 상자를 유혹했다. 상자는 다음 날 후회했지만 이미 늦었다. 얼마 후 후뉴는 상자에게 와서 임신했다며 결혼할 거라고 했다. (처음에는 가짜 임신이었으나 나중에 실제로 임신하게 되었다.) 후뉴에게 속은 상자는 어쩔 수 없이 후뉴와 결혼했다. 류사부는 딸의 결혼에 화가 나서 후뉴를 집에서

---

[21] 이 이름 자체가 그녀의 성격을 암시하는데, '호랑이 같은 여자'라는 의미로 거칠고 사나운 성격을 나타낸다.

쫓아냈다. 후뉴는 몰래 모아둔 돈으로 작은 집을 얻고, 상자에게 새 인력거를 사줬다. 하지만 이건 상자가 원하던 방식이 아니었다. 자기 노력으로 번 돈이 아니라 후뉴 돈으로 산 인력거였으니까.

㉣ **후즈의 죽음과 두 번째 좌절:** 결혼 후 후뉴는 실제로 임신했다. 하지만 나이도 많고 몸도 약한 데다 제대로 된 병원도 못 가서 난산으로 고생했다. 결국 후뉴는 아이와 함께 죽었다. 상자는 후뉴 장례를 치르려면 돈이 필요했다. 집도 팔고 인력거도 팔아야 했다. 또다시 인력거를 잃게 된 것이다. 두 번째 꿈도 물거품이 됐다.

㉤ **조씨 집에서 만난 진짜 사랑:** 후즈가 죽은 후 상자는 조 선생 집에서 전속 인력거꾼으로 일하게 됐다. 조 선생은 좌파 성향의 지식인으로, 다른 주인들과 달리 상자를 사람 취급해줬다. 상자는 여기서 안정적으로 일하며 세 번째 인력거를 사기 위해 또 돈을 모으기 시작했다. 이때 상자는 이웃집 하녀 샤오즈푸(小福子)를 만났다. 어린 소녀였는데, 정말 불쌍한 처지였다. 아버지는 술주정뱅이, 어머니는 병으로 죽었고, 어린 동생들을 돌봐야 했다. 상자와 샤오즈푸는 서로 좋아하게 됐다. 둘 다 가난하지만 순수하고 착한 마음을 가진 사람들이었다. 상자는 샤오즈푸에게 결혼하자고 했다. 함께 살자고 약속했다.

하지만 샤오즈푸의 아버지는 딸을 돈을 받고 팔아버렸다. 어린 동생들 먹여 살리려면 어쩔 수 없다는 이유였다. 샤오즈푸는 강제로 창녀가 되어 유곽으로 팔려갔다. 상자는 충격을 받았지만 샤오즈푸를 구하려고 더 열심히 일했다. 그녀를 빼내려면 많은 돈이 필요했으니까.

ⓗ **세 번째이자 마지막 좌절:** 그런데 조 선생이 정치적 이유로 상하이로 피신하게 됐다. 당시에는 좌파 지식인들이 탄압받던 시대였다. 상자는 일자리를 잃을 뻔했지만 다행히 조 선생 부인이 베이징에 남아서 계속 일할 수 있었다. 하지만 어느 날 상자가 경찰서에 끌려갔다. 당시 좌파 지식인에 대한 탄압이 심했던 시대로, 상자는 조 선생과 연관되어 정치적 의심을 받아 경찰서에 끌려갔다. 상자는 고문당했고, 풀려나려면 뇌물을 내야 했다. 그동안 모아둔 돈을 다 뇌물로 바쳐야 했다. 세 번째 인력거를 사려고 모은 돈이 또 날아간 것이다.

ⓐ **샤오즈푸의 자살과 상자의 완전한 몰락:** 절망한 상자는 그래도 샤오즈푸가 있으니까 희망을 잃지 않으려고 했다. 하지만 샤오즈푸를 찾아갔을 때 들은 소식은 충격적이었다. 샤오즈푸는 견딜 수 없어서 목을 매 자살했다는 것이었다. 샤오즈푸는 상자를 기다리며 버텼지만, 더 큰 유곽으로 팔려갈 처지가 됐다. 상자에게 도움을 청했지만, 상자는 경찰서에 있어서 도움을 줄 수 없었다. 결국 샤오즈푸는 절망해서 스스로 목숨을 끊었다.

사랑하는 여자의 죽음으로 상자는 완전히 변했다. 그동안 꿈을 위해 술도 안 마시고 성실하게 살았던 상자는 이제 모든 걸 포기했다.상자는 인력거 끌기를 그만두고 온갖 더러운 일을 했다. 심부름꾼이 되어 정보를 사고팔고, 장례식에서 돈 받고 울어주는 일까지 했다. 친구들을 배신하기도 하고, 돈이 되는 일이라면 뭐든 했다. 작품은 상자가 완전히 타락한 모습으로 끝난다.

2. 『낙타상자』: 작품 분석

1) 시간의 다층 구조 이해하기

『낙타상자』의 시간 구성은 매우 정교하다. 마치 3층짜리 건물처럼 여러 층의 시간이 겹쳐져 있다.

- ㉠ **1층/ 일상적 시간:** 상자가 매일 반복하는 일상이다. 새벽에 일어나서 인력거를 끌고, 손님을 태우고, 돈을 받고, 저녁에 집으로 돌아와서 잠을 자는 시간이다. 이는 시계 시간이라고 할 수 있다.

- ㉡ **2층/ 개인적 시간:** 상자에게 특별한 의미가 있는 순간들이다. 첫 인력거를 사던 날, 호랑이와 결혼하던 날, 샤오즈푸를 만나던 날, 그녀가 죽었다는 소식을 들은 날 등이다. 이는 기억 시간이라고 할 수 있다.
- ㉢ **3층/ 역사적 시간:** 1930년대 중국의 혼란스러운 상황이다. 군벌 전쟁, 정치적 탄압, 사회적 불안정 등 개인의 의지와 상관없이 흘러가는 거대한 시간이다. 이는 역사 시간이다.

이 세 층의 시간이 서로 부딪치고 얽히면서 상자의 운명이 결정된다.

▶ **순환과 직선의 갈등**
상자의 일상을 보면 매일매일이 거의 비슷하다.

아침: 일어나서 인력거 준비 → 오전: 손님 찾아서 거리 돌아다니기 → 점심:

간단히 때우기 → 오후: 다시 일하기 → 저녁: 하루 번 돈 정리하고 잠자리에 들기

이런 일상은 원형처럼 반복된다. 마치 시계바늘이 12시에서 시작해서 다시 12시로 돌아온다. 하지만 이런 반복 속에서도 상자는 변하고 있다. 첫 번째 인력거를 잃은 후의 상자와 세 번째 인력거를 잃은 후의 상자는 완전히 다른 사람이다. 겉으로는 같은 일상을 반복하는 것 같지만, 실제로는 아래쪽으로 향하는 나선형을 그리고 있다.

> ▶ **계절과 기분의 연결**

라오서는 상자의 심리 상태를 날씨와 계절로 표현하는 기법을 자주 쓴다.

㉠ **상자가 희망에 찰 때:** 주로 맑은 날씨, 따뜻한 봄날
㉡ **상자가 절망할 때:** 비오는 날, 추운 겨울날
㉢ **상자가 혼란스러울 때:** 바람이 심하게 부는 날

예를 들어, 상자가 첫 인력거를 살 때는 '햇살이 따뜻하게 내리쬐는 봄날'로 묘사된다. 반대로 샤오푸즈의 죽음을 알게 되는 장면은 '눈발이 휘날리는 추운 겨울밤'이다. 이런 기법을 '감정이입의 오류[22](Pathetic Fallacy)'라고 한다. 자연이 마치 인간의 감정을 가진 것처럼 묘사하는 방법이다. 물론 실제로는 날씨와 인간의 기분이 관련이 없지

---

22) 감정이입의 오류는 자연물이나 무생물에 인간의 감정을 부여해 표현하는 문학 기법으로, 인물의 심리와 자연 환경을 일치시켜 분위기와 서정적 효과를 높이며, 사실과 허구가 결합된 상징적 표현을 통해 독자의 감정적 몰입을 유도한다.

만, 문학에서는 이런 기법을 통해 분위기를 강화한다.

2) 공간으로 보는 사회 구조

1930년대 베이징은 '동심원(同心圓) 구조'[23]로 되어 있었다고 보면 된다.

- ㉠ **중심부:** 황궁과 고급 주택가 - 권력자들과 부자들이 사는 곳중
- ㉡ **간부:** 상점가와 중간층 주택 - 상인들과 지식인들이 사는 곳
- ㉢ **외곽부:** 빈민가와 노동자 거주지 - 상자 같은 사람들이 사는 곳

상자는 항상 외곽에서 외곽으로 이동한다. 중심부로 들어갈 기회는 거의 없다. 가끔 부자들을 태워주는 일이 있어도, 그것은 잠깐 지나가는 것일 뿐이다.

- ㉠ **첫째,** 물리적 거리: 사회적 거리의 등식을 통해 계급 사회의 구조적 모순을 가시화한다. 상자가 중심부에 접근할 수 있는 것은 오직 노동력을 제공하는 순간뿐이며, 이는 일시적 접근권에 불과하다.
- ㉡ **둘째,** 수직적 이동의 불가능성을 공간적으로 형상화한다. 상자는 아무리 노력해도 같은 계층 내에서의 수평적 이동만 반복할 뿐, 중심부로의 진입은 구조적으로 차단되어 있다.

---

23) 1930년대 베이징의 동심원 구조는 중심부터 외곽으로 갈수록 사회적 지위가 낮아지는 계층적 공간 배치를 의미한다. 중심은 권력층, 바깥쪽은 일반 시민, 가장 외곽은 빈민층이 거주하는 구조로, 지리적 위치가 곧 사회적 계급을 나타낸다. 『낙타상자』에서 상자가 도심에서 변두리로 밀려나는 과정은 그의 사회적 몰락을 공간적으로 보여준다.

ⓒ **셋째**, 공간적 소외가 곧 사회적 소외임을 보여준다. 상자의 공간적 하락 궤적(중심부 → 외곽부 → 최하층 빈민가)은 개인의 도덕적 타락이 아니라 시스템의 필연적 결과임을 암시한다.

이러한 공간 구조는 단순한 배경이 아니라 사회적 배제 메커니즘을 작동시키는 장치로 기능하며, 1930년대 중국 사회의 계급적 경직성을 드러내는 상징적 의미를 갖는다.

3) 운명의 쳇바퀴: 삼중 반복 구조의 미학

『낙타상자』의 가장 인상적인 문학적 특징은 삼중 반복 구조다. 상자는 세 번에 걸쳐 인력거를 얻고 잃는 과정을 반복한다. 이것은 그냥 우연히 세 번 반복된 게 아니라 라오서가 의도적으로 만든 문학적 구조다.

- ⊙ **첫 번째 사이클:** 상자가 3년간 돈을 모아서 자신의 힘으로 인력거를 산다 → 군벌 전쟁에 휘말려 인력거를 빼앗긴다.
- ⓒ **두 번째 사이클:** 후뉴와 결혼해서 인력거를 얻는다 → 후뉴가 죽으면서 장례비 때문에 인력거를 판다.
- ⓒ **세 번째 사이클:** 조씨 집에서 일하며 다시 돈을 모은다 → 경찰에게 뇌물을 바치느라 모든 돈을 잃는다.

▶ **라오서의 반복 구조 설계 의도**
⊙ **첫째,** 절망의 심화 과정을 체계적으로 형상화한다. 각각의 실패 이유가 점점 더 근본적이고 피할 수 없는 것으로 발전한다. 첫 번째

는 전쟁이라는 외부적 폭력, 두 번째는 결혼과 죽음이라는 인간관계의 굴레, 세 번째는 부패한 권력이라는 제도적 문제다.
- ⓒ **둘째,** 개인 의지의 무력함을 점진적으로 증명한다. 상자의 노력은 매번 더 큰 사회적 장벽에 부딪히며, 개인적 성실함만으로는 극복할 수 없는 구조적 모순을 드러낸다.
- ⓒ **셋째,** 사회 비판의 층위를 확장한다. 군사적 폭력(1차) → 사회적 관습과 가부장제(2차) → 정치적 부패와 권력 남용(3차)으로 비판의 범위가 전사회적으로 확산된다.
- ⓔ **넷째,** 희망의 소거 과정을 음악적 리듬감으로 연출한다. 상승과 하락의 반복은 마치 시지프스의 신화처럼 부조리한 현실을 강조하며, 독자에게 깊은 절망감을 전달한다.

이러한 삼중 구조는 단순한 스토리 반복이 아니라 사회 전체의 부조리성을 입증하는 치밀한 문학적 장치로 기능한다.

4) 꿈의 형상화: 인력거의 다층적 상징성

▶ **소유욕과 자립 의지의 상징**

인력거는 『낙타상자』에서 가장 중요한 상징이다. 겉으로 보면 그냥 사람이 끄는 수레에 불과하지만, 작품 속에서는 훨씬 복잡한 의미를 갖는다.

우선 인력거는 경제적 자립을 뜻한다. 지금으로 치면 직장인과 자영업자의 차이 같은 것이다. 남의 인력거를 빌려서 하루 종일 일하고 임대료를 내는 것은 평생 남에게 의존하는 삶이다. 하지만 자신의 인력거를 갖는다는 것은 진짜 독립하는 것이다. 상자에게 인력거는 단순한 도구가 아니라 인간의 존엄성을 의미한다. 작품을 보면 상자가 인력거를 대하는 태도가 마치 연인을 대하는 것 같다. 인력거의 손잡이를 만질 때의 감촉, 바퀴가 굴러가는 소리, 심지어 인력거의 색깔까지 세세하게 묘사한다. 이는 인력거가 상자에게 단순한 재산이 아니라 삶의 동반자임을 보여준다.

▶ 꿈의 구체적 형상화

많은 소설에서 주인공의 꿈은 막연하게 표현된다. "성공하고 싶다", "행복해지고 싶다" 같은 추상적인 바람 말이다. 하지만 『낙타상자』에서 상자의 꿈은 매우 구체적이다.

㉠ **정확한 가격:** 100원
㉡ **구체적인 모양:** 새것이고 번쩍거리는 검은색
㉢ **세부적인 기능:** 손잡이의 감촉, 바퀴의 부드러운 움직임

이런 구체성이 중요한 이유는 상자의 꿈이 달성 가능한 현실적 목표라는 것을 보여주기 때문이다. 하늘의 별 따기 같은 불가능한 꿈이 아니라, 열심히 일하면 충분히 이룰 수 있는 소박한 꿈이다. 그렇기 때문에 그 좌절이 더욱 안타깝다.

▶ 인력거와 정체성: 반복적 좌절의 심리적 메커니즘

'낙타상자'라는 별명에서 알 수 있듯이, 상자의 정체성은 인력거와 떨어질 수 없다. 인력거를 끄는 상자의 모습을 상상해보자. 그는 인력거와 하나가 되어 베이징 거리를 누빈다. 이는 마치 기사와 말, 어부와 배, 농부와 땅의 관계와 같다. 인력거는 상자의 연장된 몸이자, 그의 존

재 방식 자체다. 인력거를 잃는다는 것은 단순히 돈을 잃는 게 아니라 자기 자신의 일부를 잃는 것이다.

『낙타상자』에서 인력거는 단순한 교통수단이 아니라 상자의 사회적 상승을 상징하는 핵심 장치이다. 인력거 한 대는 상자를 고용된 노동자에서 자영업자로 끌어올려줄 수 있는 유일한 수단으로, 당시 중국 사회에서 이것은 상당한 계급 상승을 의미했다. 하지만 동시에 그 한계도 명확하다. 아무리 좋은 인력거를 가져도 상자는 여전히 육체노동자일 뿐이며, 부자가 되거나 지식인이 되거나 권력자가 될 수는 없다. 인력거는 빈곤에서 벗어날 희망을 주지만, 동시에 그 벗어남의 한계도 분명히 보여준다.

더욱 중요한 것은 같은 대상을 반복해서 잃는다는 것의 심리적 효과이다. 실제로 작품에서 상자가 인력거를 잃을 때마다 그의 성격도 조금씩 변한다. 첫 번째 인력거를 잃고는 더 조급해지고, 두 번째를 잃고는 더 절망적이 되고, 세 번째를 잃고는 완전히 다른 사람이 된다. 만약 상자가 인력거 말고 다른 것들을 잃었다면 독자들이 느끼는 감정도 달랐을 것이다. 하지만 똑같은 인력거를 세 번 잃으면서 우리는 상자의 절망이 점점 깊어지는 것을 느낀다. 첫 번째 상실에서는 "다시 해보자"는 의지를, 두 번째에서는 "이런, 또야?"라는 당황을, 세 번째에서는 "이제 정말 끝이구나"라는 절망을 경험하게 된다.

이는 현대 심리학의 학습된 무기력 이론과 정확히 일치한다. 같은 상황에서 반복적으로 실패하면 사람은 아예 시도하기를 포기하게 되며, 통제 불가능한 상황에 대한 경험이 축적되면서 전반적인 무력감에 빠지게 된다. 상자의 마지막 타락은 바로 이런 심리적 메커니즘을 보여주며, 개인의 노력만으로는 극복할 수 없는 구조적 문제와 반복적 좌절이 어떻게 한 인간을 완전히 변화시키는지를 생생하게 드러낸다.

3. 『낙타상자』가 현대 한국사회에 던지는 메시지: 노동과 꿈, 그리고 불평등

약100년 전 베이징의 인력거꾼 상자와 2025년 대한민국의 청년들 사이에는 어떤 공통점이 있을까? 시대와 국가는 다르지만, 노동을 통해 꿈을 실현하려는 개인이 사회적 불평등이라는 거대한 벽 앞에서 좌절하는 모습은 놀라울 정도로 닮아 있다. 『낙타상자』를 통해 현대 한국 사회의 모습을 들여다보자.

1) 노력=성과 등식의 붕괴

"새벽부터 밤늦게까지, 비가 와도 눈이 와도 상자는 인력거를 끌었다. 다른 인력거꾼들이 술집에서 시간을 보낼 때도, 도박판에서 돈을 날릴 때도 상자는 거리를 뛰어다녔다. 한 푼 한 푼 모은 돈으로 드디어 자신의 인력거를 샀을 때, 상자는 세상을 다 얻은 기분이었다."

상자에게 노동은 단순한 생계 수단이 아니었다. 그것은 꿈을 실현하는 유일한 수단이었다. 상자의 꿈은 소박했다. 자신만의 인력거 한 대, 그것이 전부였다. 새벽부터 밤늦게까지, 비가 와도 눈이 와도 상자는 인력거를 끌었다. 다른 인력거꾼들이 술집에서 시간을 보낼 때도, 도박판에서 돈을 날릴 때도 상자는 거리를 뛰어다녔다. 한 푼 한 푼 모은 돈으로 드디어 자신의 인력거를 샀을 때, 상자는 세상을 다 얻은 기분이었다.

상자에게 노동은 수단이자 희망이었다. 땀 흘린 만큼 돈이 모이고, 모인 돈으로 꿈을 살 수 있다고 믿었다. 이는 전형적인 '노동 = 성취'의 등식이었다. 상자는 적어도 "3년간 100원을 모으면 인력거를 살 수 있다"는 명확한 공식이 있었다.

2025년 한국의 청년들에게 노동과 꿈의 관계는 근본적으로 달라졌다. 표면적으로는 상자와 비슷해 보인다. 취업을 위해 토익 공부를 하고, 자격증을 따고, 인턴십을 하는 것이 상자가 인력거를 끄는 것과 다를 바 없어 보인다. 하지만 결정적 차이가 있다. 노동과 성과 사이의 연결고리가 불분명해졌다는 점이다.

현재 대학생들은 상자 못지않게 열심히 '일'한다. 오전 6시 토익 학원, 오전 9시 대학 수업, 오후 2시 아르바이트, 오후 6시 공모전 준비, 오후 10시 온라인 강의 수강, 자정 자기소개서 작성이 일상이다. 하지만 이들의 노력이 취업으로 연결될 확률은 상자가 인력거를 사는 것보다 훨씬 불확실하다. '몇 점을 받고, 몇 개를 따고, 몇 번을 해야 취업이 된다'는 공식이 없다.

한국 사회에는 오랫동안 '노력하면 성공한다'는 믿음이 있었다. 이는 산업화 시대에는 어느 정도 맞았다. 열심히 공부하면 좋은 대학에 가고, 좋은 대학을 나오면 좋은 직장에 들어가고, 열심히 일하면 승진하고 집을 살 수 있었다. 하지만 이제 이 공식이 작동하지 않는다.

상자의 시대는 '노력 → 성과'의 단순 직결 구조였다면, 현재는 '노력 → ? → 성과'로 중간 과정이 불투명해졌다. 상자는 인력거 값 100원을 모으면 됐지만, 현재 청년들은 아무리 모아도 집값 상승률을 따라잡지 못한다. 서울 아파트 13억원이 일반 직장인 20년 연봉에 해당하는 현실에서, "몇 년 모으면 집을 살 수 있다"는 공식 자체가 성립하지 않는다.

2) 구조적 불평등의 현대적 양상

상자가 마주한 세 번의 실패를 자세히 분석하면, 모두 개인의 노력으로는 해결할 수 없는 구조적 문제 때문이었다. 첫 번째 실패인 군벌 전쟁, 두 번째 실패인 후뉴와의 사기 결혼, 세 번째 실패인 경찰의 뇌물 요구는 모두 거대한 사회적 힘 앞에서 개인이 무력할 수밖에 없는 상황들이었다.

2025년 한국 사회에서 청년들이 마주한 구조적 장벽들은 상자의 경험과 놀라울 정도로 유사하다. 이는 크게 세 가지 차원에서 나타난다.

첫째, 출생 격차이다. 금수저, 은수저, 동수저, 흙수저로 구분되는 '수저계급론'은 출생부터 기회가 다름을 의미한다. 강남 아파트, 월 200만원 사교육비, 유학, 부모 인맥을 가진 금수저와 지방 거주, 공교육, 학자금 대출, 아르바이트로 생계를 유지하는 흙수저 사이의 격차는 개인의 노력으로 극복하기 어렵다.

둘째, 자산 격차이다. 부동산 불평등은 더욱 심각하다. 상자의 시대에는 인력거 값 100원이 1년 노동의 대가였지만, 현재는 서울 아파트 13억 4,543만 원이 일반 직장인 20년 연봉에 해당한다.[24] 상자는 적어도 '3년 모으면 인력거를 살 수 있다'는 희망이 있었지만, 현재 청년들에게는 이런 희망 자체가 성립하지 않는다.

셋째, 기회 격차이다. 강남 학생 월 200만원과 지방 학생 월 20만원이라는 사교육 격차, 입시 전략과 스펙 쌓기 노하우의 정보 격차, '아는 사람' 유무에 따른 네트워크 차이는 공정한 경쟁을 불가능하게 만든다. 취업 영역에서도 여전히 강력한 학벌 사회, 토익 900점이 기본이고 해

---

[24] 2025년 5월 기준 13억 4,543만 원, 서울특별시 부동산정보광장, 「부동산거래현황」, https://land.seoul.go.kr/land/rtms/aptTrend.do

외 경험이 필수가 된 스펙 인플레이션, 무급이나 저임금 인턴십을 감당할 수 있는 경제력 필요 등이 구조적 장벽으로 작용한다.

한국의 MZ세대가 그토록 '공정'을 강조하는 이유는 상자가 경험한 불공정과 본질적으로 같기 때문이다.[25] 상자가 열심히 일했는데 전쟁 때문에 인력거를 빼앗기고, 정직하게 살았는데 후뉴에게 속아서 결혼하고, 법을 어기지 않았는데 뇌물을 내야 했던 것처럼, 현재 청년들도 열심히 공부했는데 금수저가 특혜로 대학에 입학하고, 정직하게 취업 준비했는데 연줄로 취업하는 사람들을 보며, 규칙을 지켰는데 권력자들은 특혜를 누리는 현실을 목격하고 있다.

3) 개인주의의 한계와 연대의 가능성

상자의 꿈은 소박했지만 현실적이었다. 인력거 한 대 사기 위해 3년 정도 돈을 모으고, 작은 집을 얻어 사랑하는 샤오푸즈와 결혼하는 것. 현재 한국 청년들의 꿈은 역설적이게도 더 작아졌다. 서울 월세 50만 원짜리 원룸에서 독립하기, 연봉 3천만원 정규직 한 자리만 잡기, 토요일이라도 쉴 수 있는 직장 찾기, 5년 할부 없이 중고차라도 한 대 사기 같은 꿈들이 현재 20대들의 현실이다. 하지만 서울 원룸 전세금은 1억을 넘나들고, 정규직 자리는 수백 대 일의 경쟁률을 뚫어야 하며, 신차는 물론 몇 년 된 중고차도 2천만원이 넘는다.

상자는 마지막에 모든 것을 포기하고 타락한다. 현재 한국 청년들 사이에서는 번아웃이라는 형태로 비슷한 현상이 나타난다. 대학 졸업 후 3년째 공시생으로 지내다가 포기하는 경우, 취업준비 2년 만에 "이력

---

25) 국민권익위원회, 「'MZ세대와 기업의 공정문화' 청렴윤리경영 브리프스」 vol.125, 2023, 4-5쪽.

서 100개 넣어도 서류 통과가 10개도 안 된다"며 알바로 전향하는 경우, 직장에 다니면서도 "월급으로는 전세는커녕 월세도 빠듯하다"며 체념하는 경우들이다.

　이러한 현상의 근본적 원인은 두 시대 모두 동일하다. 바로 '개인적 노력으로 구조적 문제를 해결하려는 시도'의 한계다. 라오서는 상자의 실패를 통해 '개인주의의 한계'를 보여주려 했다. 상자는 끝까지 혼자서 해결하려 했고, 다른 인력거꾼들과 연대하지 못했다. 사회적 문제를 개인적으로만 해결하려다 결국 실패한 것이다.

　현재 한국 사회에서도 청년들은 비슷한 패턴을 반복한다. 스펙 쌓기, 자격증 취득, 어학연수 같은 자기계발, N잡러나 투잡 같은 부업, 주식이나 코인, 부동산 투자로 한 방을 노리는 개인적 해결을 시도한다. 이런 개인적 노력들이 무의미하다는 것은 아니지만, 구조적 문제는 개인적 노력만으로는 해결되지 않는다는 점에서 상자의 딜레마와 본질적으로 동일하다. 상자와 현대 청년들의 공통점은 '고립된 투쟁'이다. 1930년대 베이징의 상자나 2020년대 한국의 청년들이나, 모두 사회적 연대보다는 개인적 돌파구 찾기에 매몰되어 있다. 그 결과 번아웃과 체념이라는 비슷한 결말에 이르게 되는 것이다.

　『낙타상자』의 교훈 중 하나는 개인의 노력과 함께 사회적 연대가 필요하다는 것이다. 상자가 다른 인력거꾼들과 함께 류사부에 맞서거나, 부패한 권력에 집단으로 저항했다면 결과가 달랐을 수도 있다. 현재 한국에서도 청년들의 연대 사례들이 나타나고 있다. 집회와 선거 참여율 증가 같은 정치 참여, 부동산 투기 반대와 최저임금 인상 운동 같은 사회운동, 청년 주거 협동조합과 사회적 기업 참여, SNS를 통한 정보 공유와 온라인 연대 등이 그것이다.

　약 100년 전 베이징의 인력거꾼이 우리에게 던지는 메시지는 명확하다. 개인의 문제로 보이는 것들도 실제로는 사회의 문제이며, 개인적 해결과 사회적 해결이 함께 이루어져야 한다는 것이다. 상자는 혼자 싸우다 절망했지만, 현재 한국 청년들에게는 상자와 다른 조건들이 주어져 있다. 상자의 실패를 통해 우리는 무엇을 다르게 해야 하는지 배울 수 있고, 그의 한계를 넘어서는 새로운 가능성을 모색할 수 있다. 이것이 『낙타상자』가 2025년 대한민국에서도 여전히 읽혀야 하는 이유다.

4. 비평적 조명: 괜찮다, 우리는 상자보다 강하다

　라오서의 『낙타상자』를 읽고 나면 마음이 무겁다. 열심히 살았던 청년이 결국 모든 것을 포기하고 타락한 결말은 현재를 살아가는 우리에게도 남의 일 같지 않다. 하지만 상자의 이야기를 자세히 들여다보면, 그의 실패에는 분명한 이유가 있다. 그리고 그 이유들을 통해 우리는 다른 길을 모색할 수 있다. 중요한 것은 우리가 상자보다 나은 조건에 있다는 착각이 아니라, 상자의 실패에서 배운 교훈을 현재 우리 상황에 어떻게 적용할 것인가이다.

　상자의 가장 큰 실패는 고립된 개인주의에 있었다. 그는 3년간 묵묵히 혼자 돈을 모았고, 위기가 닥쳤을 때도 혼자 해결하려 했다. 다른 인력거꾼들과 진정한 연대를 만들지 못했고, 사회적 지지 체계도 없었다. 이는 현재 우리에게도 중요한 교훈을 준다. 여전히 많은 청년들이 취업 준비를 혼자 하고, 경제적 어려움을 혼자 감당하며, 정신적 스트레스를 혼자 견디려 한다. 하지만 상자의 실패를 통해 우리는 연결의 중요성을 배울 수 있다.

　구체적으로는 대학 상담센터나 청년 지원 기관의 서비스를 적극 활용하고, 온라인 커뮤니티에서 정보를 공유하며, 비슷한 고민을 하는 사람들과 스터디 그룹을 만들 수 있다. 특히 중요한 것은 도움을 요청하는 것이 약함의 표시가 아니라는 인식 전환이다. 상자의 시대와 달리 현재는 정신건강에 대한 인식이 개선되어 상담을 받는 것이 자연스러워졌다. 이런 변화를 적극 활용해야 한다.

상자의 두 번째 실패는 경직된 목표 설정이었다. 그에게는 오직 인력거 하나만이 전부였고, 그것을 잃으면 다른 대안을 생각하지 못했다. 현재 우리도 비슷한 함정에 빠지기 쉽다. 대기업 취업, 서울 거주, 내 집 마련 등 하나의 성공 공식에만 매달리다 보면 상자와 같은 좌절을 겪을 수 있다. 대신 우리는 유연한 계획을 세울 필요가 있다.

이는 계획 B, C를 미리 준비하는 것을 의미한다. 취업 준비를 하면서 동시에 창업이나 프리랜서 활동도 고려해보고, 서울이 아닌 지방에서의 삶도 진지하게 탐색해보며, 전통적인 성공 기준이 아닌 자신만의 행복 기준을 정립해보는 것이다. 특히 현재는 원격근무, 플랫폼 경제, 1인 기업 등 상자의 시대에는 없었던 새로운 삶의 방식들이 등장했다. 이런 다양성을 적극 활용하되, 무작정 낙관하기보다는 현실적인 준비가 필요하다.

상자의 세 번째 실패는 사회적 문제에 대한 수동적 태도였다. 그는 개인적으로만 성공하려 했을 뿐, 불공정한 시스템을 바꾸려는 노력은 하지 않았다. 현재 우리도 개인적 해결에만 몰두하다 보면 같은 실수를 반복할 수 있다. 스펙 쌓기나 자기계발에만 집중하다 보면, 정작 구조적 문제는 그대로 남아있게 된다.

이를 극복하기 위해서는 개인적 노력과 사회적 참여를 병행해야 한다. 선거 참여를 통해 정책 변화에 영향을 미치고, 부당한 일을 목격했을 때 침묵하지 않으며, 온라인에서 사회적 이슈에 대해 건설적인 의견을 표현하는 것이다. 이는 거창한 사회운동을 의미하는 것이 아니라, 일상에서 실천 가능한 시민 참여를 말한다. 채용 과정에서 불공정을 경험했다면 관련 기관에 신고하고, 직장에서 부당한 대우를 받았다면 노동청이나 시민단체에 도움을 요청하는 것도 포함된다.

무엇보다 중요한 것은 실패에 대한 관점 전환이다. 상자는 실패를 자신의 무능함으로 받아들였고, 이것이 결국 자포자기로 이어졌다. 하지만 우리는 실패를 학습과 성장의 기회로 재해석할 수 있다. 취업에 실패했다면 부족한 점을 보완할 기회로, 사업이 실패했다면 더 나은 아이디어를 위한 경험으로 받아들이는 것이다. 물론 이는 단순한 긍정적 사고가 아니라, 실패로부터 구체적으로 무엇을 배울 것인지 분석하고 다음 시도에 반영하는 실용적 접근이다.

또한 작은 것부터 시작하는 지혜가 필요하다. 상자처럼 거대한 목표 하나에 모든 것을 걸기보다는, 달성 가능한 작은 목표들을 설정하고 그것을 차근차근 실현해나가는 것이다. 하루에 한 시간씩 새로운 기술을 배우거나, 한 달에 한 번씩 새로운 사람들과 네트워킹을 하거나, 분기별로 자신의 진로를 점검하는 것 같은 구체적이고 지속가능한 계획을 세우는 것이다.

결국 상자의 이야기가 우리에게 주는 진정한 교훈은 "포기하지 마라"가 아니라 "다르게 시도하라"다. 현실의 어려움을 부정하지 않되, 그 어려움을 극복할 수 있는 새로운 방법을 끊임없이 모색하는 것이다. 상자가 실패한 지점에서 우리는 다른 선택을 할 수 있고, 그가 놓친 기회들을 우리는 붙잡을 수 있다. 그를 위해서는 무조건적인 낙관이 아니라 현실적인 준비와 지속적인 노력이 필요하다.

약 100년 전 베이징의 인력거꾼과 2025년 대한민국의 청년들 사이에는 시대적 차이가 있다. 하지만 더 중요한 것은 우리가 상자의 실패로부터 배울 수 있는 지혜가 있다는 점이다. 그의 고립된 개인주의 대신 연대를, 그의 경직된 목표 대신 유연한 계획을, 그의 수동적 태도 대신 능동적 참여를 선택할 수 있다. 이런 선택들이 쌓여서 상자가 이루지 못한 꿈들을 우리는 다른 방식으로 실현할 수 있을 것이다. 괜찮다, 우리는 다르게 할 수 있다.

4

새로운 시대, 새로운 문학

1949년의 의미

1. 당대문학(当代文学)의 시작

1) 1949년, 중국문학의 대분기점: 단절과 변화의 이중주

 1949년 10월 1일, 마오쩌둥이 천안문 성루에서 "중국인민이 일어섰다"고 선언한 그 순간은 단순히 정치사의 전환점이 아니었다. 그것은 중국문학사에 깊고 돌이킬 수 없는 단층을 만든 결정적 분기점이었다. 이 하나의 날짜를 경계로 중국문학은 완전히 다른 세계로 진입했고, 그 변화의 파장은 오늘날까지도 계속되고 있다.
 1949년 10월 1일을 기점으로 이 모든 것이 급격히 변했다. 중국 공산당이 영도하는 신중국은 문학에 대해 명확하고 단호한 입장을 표명했다. 이미 1942년 옌안문예강화(在延安文艺座谈会上的讲话)[1]에서 제시된 "문학예술은 정치에 봉사해야 한다"는 원칙이 이제 전국적 차원에서 절대 법칙이 되었다. 문학은 더 이상 개인적 표현의 영역이 아니라 집단적 의지를 구현하는 수단이 되어야 했다. 작가는 자유로운 창작자에서 인민을 교육하는 선전가로 역할이 재정의되었다. 이런 변화는 문학의 형식과 내용을 근본적으로 바꿔놓았다. 개인의 복잡한 내면세계를 탐구하던 심리소설은 사라지고, 대신 사회주의 건설의 웅장한 서사가 문학을 지배했다. 갈등의 구조도 단순해졌다. 개인 대 사회, 전통 대 근대, 이상 대 현실 같은 복합적 대립 구조 대신 선량한 인민 대 악한 계급적의 이분법적 대결이 주류가 되었다. 주인공들은 더 이상 고뇌하는 개인이 아니라 완벽한 사회주의 인간의 전형이어야 했다.

언어의 변화는 더욱 근본적이었다. 5·4 이후 형성된 현대 백화문이 또 한 번 급격한 변화를 겪었다. 장아이링이나 친중서 같은 작가들이 구사했던 우아하고 세련된 문체는 '부르주아적 퇴폐'로 비판받았다. 대신 노동자와 농민이 쉽게 이해할 수 있는 직접적이고 선동적인 언어가 표준이 되었다. '혁명', '투쟁', '해방', '건설' 같은 정치적 어휘들이 문학 작품을 가득 채웠고, 섬세한 감정 표현보다는 구호와 슬로건이 문학 언어를 지배했다.

작가 개개인의 운명도 극적으로 바뀌었다. 1949년 이전 작가들은 기본적으로 독립적인 지식인이었다. 사회를 비판하되 어떤 집단에도 완전히 속하지 않는 자유로운 개인으로서의 정체성을 유지했다. 하지만 1949년 이후 작가들은 당과 인민의 대변인이 되어야 했다. 개인적 체

---

[1] 마오쩌둥이 1942년 5월 22일-23일 양일간 옌안에서 개최된 문예좌담회에서 행한 연설로, 1943년 10월 19일 『해방일보』에 전문이 공식 발표되었다. 이 강화에서 마오쩌둥은 "문학예술은 정치에 봉사해야 한다"는 핵심 원칙을 제시하며, 문예 창작자들이 인민대중에게서 배워야 한다고 강조했다.

험과 감정보다는 정치적 올바름이 창작의 기준이 되었다. 많은 작가들이 사상 개조를 통해 새로운 시대에 적응하려 노력했지만, 적응하지 못한 작가들은 침묵하거나 숙청의 대상이 되었다.

국제적 차원에서도 중국문학은 고립되기 시작했다. 1949년 이전까지 중국문학은 세계문학과 활발히 교류했다. 서구 모더니즘, 러시아 리얼리즘, 일본 자연주의 등 다양한 외국 문학 사조가 중국으로 유입되어 독특하게 변용되었다.[2] 하지만 1949년 이후에는 소비에트 문학만이 유일한 모델로 인정받았다. 서구 문학은 '제국주의 문화'로 배격되었고, 중국문학은 점점 세계문학의 주류에서 멀어져갔다.[3] 이는 중국문학의 국제적 위상 추락으로 이어졌다.

그렇다면 1949년은 중국문학에게 순전히 파괴적인 해였을까? 반드시 그렇지만은 않다. 새로운 체제는 분명한 한계와 문제점을 가지고 있었지만, 동시에 이전에는 불가능했던 새로운 가능성들도 열어놓았다. 무엇보다 농민과 노동자가 처음으로 문학의 당당한 주인공이 되었다. 수천 년간 문학에서 소외되었던 계층들이 자신들의 목소리를 낼 수 있게 된 것은 분명 의미 있는 변화였다.

소수민족 문학의 발전도 주목할 만하다. 한족 중심의 전통 문학에서 벗어나 다양한 민족의 문화와 언어가 문학 영역에서 인정받기 시작했다. 또한 문학의 대중화가 실질적으로 이루어졌다. 이전까지 지식인들만의 전유물이었던 문학이 진정한 의미에서 인민의 문학이 되었다.

더 중요한 것은 이러한 통제 속에서도 작가들이 완전히 침묵하지는

---

[2] 1949년 이전 중국문학은 러시아 리얼리즘과 일본 자연주의 등 다양한 외국 문학 사조의 영향을 받았다. 루쉰은 니콜라이 고골의 '죽은 혼'에 영향을 받았으며, 1907년 도쿄에서 『신생(新生)』 잡지를 계획하고 러시아 문학 작품을 번역하며 문학활동을 시작했다. 이러한 외국 문학 사조의 수용은 중국 현대문학 발전의 중요한 요소가 되었다.
[3] 뤼신홍, 이용욱 옮김, 『배회하는 유령: 프로이트주의와 20세기 중국 문학』, 산지니, 2024, 2장 참조.

않았다는 점이다. 그들은 우화와 은유, 역사소설과 번역문학을 통해 자신의 진정한 목소리를 숨겨두었다. 이런 '지하 문학(地下文学)[4]'의 전통은 1980년대 개혁개방과 함께 상흔문학으로 폭발적으로 분출되었고, 오늘날 중국문학이 다시 세계문학의 중심으로 돌아올 수 있는 토대가 되었다.

1949년은 중국문학사에서 단절과 연속, 파괴와 창조가 동시에 일어난 복합적 전환점이었다. 그것은 한 시대의 끝이면서 동시에 새로운 시대의 시작이었다. 30년간의 엄격한 통제기를 거쳐 1980년대에 다시 꽃피운 중국문학의 르네상스는, 역설적이게도 1949년의 단절 없이는 불가능했을지도 모른다. 마치 땅속 깊이 뿌리를 내린 나무가 혹독한 겨울을 견뎌낸 후 더욱 무성한 잎을 틔우는 것처럼, 중국문학도 1949년이라는 혹독한 시련을 통과한 후 더욱 풍성하고 다층적인 모습으로 부활할 수 있었던 것이다.

1949년을 이해하는 것은 단순히 과거를 아는 것이 아니다. 그것은 오늘날 중국문학이 왜 이런 모습인지, 그리고 앞으로 어떤 방향으로 나아갈 것인지를 이해하는 열쇠다. 모든 위대한 문학은 자신만의 상처와 치유의 역사를 가지고 있다. 1949년은 바로 중국문학에게는 가장 깊은 상처이자 동시에 가장 강력한 재생의 원동력이 되는 해였던 것이다.

2) 1949년, 중국이 선택한 길: 사회주의로의 대전환과 그 의미

1949년 중화인민공화국이 수립되면서 중국은 인류 역사상 가장 거대한 사회 실험 중 하나를 시작했다. 5천 년 봉건 왕조사를 뒤로하고

---

4) '지하문학'은 1949년 이후 중국에서 공식적인 문학 검열과 통제 하에서 작가들이 우화와 은유, 역사소설, 번역문학 등을 통해 진정한 목소리를 숨겨 창작한 비공식 문학을 의미한다.

사회주의라는 완전히 새로운 길을 선택한 것이다. 하지만 이 선택을 제대로 이해하려면 먼저 자본주의가 어떻게 발전해왔는지, 그리고 사회주의가 왜 그에 대한 대안으로 등장할 수밖에 없었는지를 살펴봐야 한다.

▶ 자본주의의 탄생: 부르주아 계급의 등장

자본주의의 역사는 곧 부르주아(有产阶级, 유산계급)의 성장사다. 중세 유럽에서 '시민(市民)'이라는 개념이 처음 등장했을 때, 그것은 단순히 도시에 사는 사람을 의미했다. 하지만 시간이 지나면서 이들은 특별한 사회 집단으로 성장했다. 전통적으로 군주는 영토를 지배하고 세금을 거두어 상비군을 유지하며 중상주의 정책을 펼쳤다. 이것이 바로 '팍스(Pax)' 체제[5], 즉 힘에 의한 평화 유지 시스템이었다. 이 체제에서 가격을 구성하는 요소는 단순했다. 생산비, 유통비, 판매비, 그리고 세금. 동양의 경우 '사농공상(士農工商)[6]'이라는 신분제 서열이 있었는데, 상인은 가장 낮은 지위에 있었다.

하지만 상업이 발달하면서 상황이 바뀌기 시작했다. 상인들은 생산과 유통을 담당하며 경제적 실력을 키워나갔고, 기존 귀족들은 토지에만 의존하는 구조적 한계를 드러냈다. 시간이 지나면서 상인 계급의 사회적 영향력이 급속히 높아졌다. 흥미롭게도 부르주아 계급이 귀족이 되는 방법도 생겨났다[7]. 대학에 진학하여 학위를 취득하면 신분 상승이 가능해진 것이다. 이는 '학력 귀족'이라는 새로운 개념을 낳았다. 기

---

[5] '팍스(Pax)' 체제는 라틴어로 '평화'를 의미하는 'Pax'에서 유래한 용어로, 강대국이 군사적·경제적 우위를 바탕으로 국제질서를 주도하며 상대적 안정과 평화를 유지하는 체제를 가리킨다.
[6] 사농공상은 동아시아의 신분 제도 중의 하나이다. 중국은 춘추전국 시대 때 백성을 사(士, 학자), 농(農, 농민), 공(工, 장인), 상(商, 상인) 네 가지로 분류하였다.
[7] 주경철외 2인. 『근대 유럽의 형성: 16-18세기』, 까치, 2011, 173-174쪽.

존의 '붉은 피의 귀족(혈통 귀족)'과는 다른 '지식 귀족'의 탄생이었다. 대학의 커리큘럼도 이에 맞춰 변화했다. 원래는 대학은 신학이나 철학 같은 특수한 학문만 가르쳤지만, 점차 법학이나 의학 같은 실용적 학문들이 추가되었다.

하지만 진정한 변화는 대학을 졸업한 지식인들이 만든 '살롱'에서 시작되었다. 이들은 기존 귀족들과는 다른 가치관을 가지고 있었다. 그들은 시민 민병대를 창설하여 정규군을 초월하는 힘을 보여주었고, 결국 '자본주의' 라는 새로운 정치 체제를 탄생시켰다.

▶ 자본주의의 모순

자본주의는 세 가지 핵심 원칙을 내세우며 등장했다. 첫째는 보편성이었다. 모든 인간은 태어날 때부터 평등하다는 것이다. 둘째는 수학과 과학에 기반한 합리성이었다. 이는, 종교나 전통이 아닌 이성과 논리로 세상을 이해하자는 것이다. 셋째는 계급 철폐였다. 지식인, 부르주아, 농민, 노동자가 모두 동등한 시민권을 가져야 한다는 것이다. 이런 변화는 기존 질서를 뿌리부터 흔들었다. 교회의 절대적 권위가 붕괴했고, 왕권신수설도 설득력을 잃었다. 이는 혁명적 변화의 산물이었다.

자본주의 초기에는 분명 희망적인 측면이 많았다. 신분제가 해체되고 누구나 노력하면 성공할 수 있다는 '드림'이 가능해 보였다. 하지만 자본주의 체제가 발전하면서 새로운 문제들이 드러났다. 생산, 유통, 금융, 판매, 세금이라는 경제 활동의 모든 영역에서 자본가와 노동자 사이의 격차가 벌어지기 시작한 것이다. 자유와 평등을 약속했던 자본주의가 오히려 새로운 형태의 불평등을 만들어내고 있었다.

산업혁명이 본격화되면서 자본주의의 어두운 면이 더욱 뚜렷해졌다. 가장 심각한 문제는 생산 영역에서 나타났다. 공장에서 대량생산이 시작되면서 숙련 수공업자들이 몰락했다. 기계 한 대가 수십 명의 일자리를 빼앗아갔다. 살아남은 노동자들도 기계의 부속품처럼 단순 반복 작업에 매달려야 했다. 하루 12-16시간씩 일하면서도 겨우 생계를 유지할 정도의 임금만 받았다. 찰스 디킨스(Charles Dickens)의 소설에 등장하는 런던의 공장 지대나 엥겔스(Friedrich Engels)가 『영국 노동계급의 상태(The Condition of the Working Class in England)』에서 묘사한 맨체스터의 빈민굴이 바로 이런 현실을 보여준다.

유통 영역에서는 대형 상인들이 소상인들을 흡수하거나 몰아내기 시작했다. 철도와 증기선으로 대량 운송이 가능해지면서 자본력이 있는 상인들만이 광역 유통망을 구축할 수 있었다. 동네 상점들은 하나둘 문을 닫아야 했고, 소상인들은 대자본의 고용인이 되거나 아예 몰락할 수밖에 없었다. 금융 영역의 변화는 더욱 충격적이었다. 은행과 보험회사, 주식회사 제도가 발달하면서 '돈이 돈을 버는' 시대가 열렸다. 실제 생산활동에 참여하지 않고도 금융 투자만으로 막대한 부를 축적할 수 있게 된 것이다. 반면 대부분의 사람들은 은행 대출을 받기도 어려웠고, 조금이라도 경제가 어려워지면 파산 위기에 몰렸다. 1929년 대공황 때 수많은 일반인들이 하루아침에 모든 것을 잃은 것이 대표적 사례다.

판매 영역에서도 마찬가지였다. 대량생산으로 인한 과잉생산 문제가 심각해졌다. 공장에서는 엄청난 양의 상품을 쏟아냈지만, 정작 그것을 살 수 있는 사람들은 많지 않았다. 노동자들의 임금이 너무 낮았기 때문이다. 이는 '생산의 풍요 속의 소비의 빈곤'이라는 모순적 현상을 낳았다. 세금 구조마저 불평등을 심화시켰다. 자본가들은 다양한 방법으로 세금을 회피할 수 있었지만, 일반 서민들은 그럴 여력이 없었다. 더욱이 정부 정책은 대부분 자본가들에게 유리하게 만들어졌다. 자유방

임주의라는 명목 하에 기업 활동에 대한 규제는 최소화하면서, 노동자들의 단결권이나 파업권은 제한했다.

이처럼 자본주의가 내세운 자유와 평등의 이상은 현실에서 새로운 형태의 불평등과 모순으로 귀결되었다. 경제 활동의 모든 영역에서 자본을 가진 자와 그렇지 못한 자 사이의 격차는 더욱 벌어졌고, 이는 자본주의 체제 자체의 근본적 한계를 드러내는 것이었다. 평등을 약속했던 새로운 체제가 오히려 더 교묘하고 체계적인 불평등을 만들어낸 것이다.

3) 산업혁명의 그늘: 새로운 계급의 탄생

이런 변화 속에서 사회는 두 개의 뚜렷한 계급으로 양극화되기 시작했다. 한쪽에는 생산수단(공장, 기계, 토지, 자본)을 소유한 부르주아가 있었고, 다른 한쪽에는 자신의 노동력 외에는 팔 것이 없는 프롤레타리아(Proletariat)가 있었다.

더 심각한 문제는 이 두 계급 사이의 격차가 시간이 갈수록 벌어진다는 점이었다. 자본가들은 이윤을 재투자하여 더 많은 자본을 축적할 수 있었지만, 노동자들은 아무리 열심히 일해도 자본을 축적할 기회가 없었다. 마르크스가 말한 '자본의 유기적 구성 고도화(Organic Composition of Capital)'[8]와 '이윤율의 경향적 저하(Tendency of the Rate of Profit to Fall)[9]'가 실제로 나타나기 시작한 것이다. 1848년 유럽 전역을 휩쓴 혁

---

8) 자본의 유기적 구성 고도화는 마르크스가 제시한 개념으로, 자본 내에서 불변자본(기계, 설비, 원료 등)의 비중이 가변자본(노동력)에 비해 점점 높아지는 현상을 의미한다.
9) 이윤율의 경향적 저하는 마르크스가 『자본론』 제3권에서 제시한 자본주의의 내재적 모순을 설명하는 법칙이다. 자본의 유기적 구성이 고도화되면서 잉여가치의 원천인 노동력(가변자본)의 상대적 비중이 감소하여, 결과적으로 이윤율이 하락하는 경향을 보인다는 이론이다.

명들은 이런 모순이 폭발한 결과였다. 파리의 노동자들이 바리케이드를 쌓고 '빵과 장미'를 외쳤을 때, 그들이 요구한 것은 단순히 정치적 자유가 아니었다. 경제적 평등, 즉 진정한 의미의 해방이었다.

▶ 지식인들의 각성: 이론적 기초의 마련

이런 현실을 목격한 지식인들 사이에서 자본주의에 대한 근본적 회의가 일기 시작했다. 생시몽(Saint-Simon), 푸리에(Fourier), 오웬(Owen) 같은 초기 사회주의자들은 '공상적 사회주의'라는 이름으로 대안 사회를 꿈꿨다. 하지만 이들의 사상은 아직 체계적이지 못했고, 현실 변혁의 구체적 방법도 제시하지 못했다. 결정적 전환점은 칼 마르크스(Karl Marx)와 프리드리히 엥겔스(Friedrich Engels)의 등장이었다. 이들은 자본주의의 모순을 단순히 도덕적으로 비판하는 데 그치지 않고, 과학적 분석을 통해 그 구조적 원인을 파헤쳤다. 『자본론(Capital)』에서 마르크스는 '잉여가치론'을 통해 자본가가 어떻게 노동자를 착취하는지를 수학적으로 증명해 보였다.

더 중요한 것은 이들이 단순한 비판을 넘어 역사적 전망을 제시했다는 점이다. 자본주의는 역사상 일시적인 현상일 뿐이며, 그 내부의 모순이 심화되면서 결국 새로운 사회로 이행할 것이라고 예언했다. 이것이 바로 '역사적 유물론(Historical Materialism)[10]'의 핵심이다.

▶ 사회주의 이론에서 현실로: 노동운동과 제국주의 시대

마르크스의 이론은 단순한 서재의 학문으로 끝나지 않았다. 유럽 각

---

10) 역사적 유물론은 마르크스와 엥겔스가 발전시킨 역사관으로, 인간 사회의 역사적 발전이 물질적 생산력과 생산관계의 변화에 의해 결정된다고 보는 이론이다. 생산력의 발전이 기존 생산관계와 모순을 일으킬 때 사회혁명이 일어나 새로운 사회로 이행한다는 것이 핵심이다.

지에서 노동자들이 조직화되기 시작했고, 사회주의 정당들이 속속 창당되었다. 1864년 국제노동자협회(제1인터내셔널)가 결성된 것은 사회주의 운동이 국제적 차원으로 확산되었음을 보여주는 상징적 사건이었다. 1871년 파리 코뮌(Paris Commune)은 비록 짧은 기간이었지만 사회주의 사회의 가능성을 실제로 보여준 역사적 실험이었다. 노동자들이 직접 정권을 장악하고 사회를 운영한 것이다. 비록 결국 진압당했지만, 이 경험은 전 세계 사회주의자들에게 큰 영감을 주었다. 19세기 말 20세기 초에는 독일 사회민주당, 프랑스 사회당, 러시아 사회민주노동당 등이 각국에서 중요한 정치 세력으로 성장했다. 이들은 선거를 통한 개혁을 추구하는 온건파와 혁명을 통한 변혁을 주장하는 급진파로 나뉘기도 했지만, 자본주의를 넘어선 새로운 사회를 건설해야 한다는 점에서는 일치했다.

20세기에 들어서면서 자본주의의 모순은 한 나라 차원을 넘어 세계적 차원으로 확산되었다. 선진 자본주의 국가들은 식민지 개척을 통해 내부 모순을 외부로 전가하려 했다. 하지만 이는 결국 제1차 세계대전이라는 파국을 낳았다. 레닌은 『제국주의론(Imperialism: The Highest Stage of Capitalism)』에서 이런 현상을 '자본주의의 최고 단계'라고 분석했다. 자본주의가 독점단계에 접어들면서 국내에서 투자처를 찾지 못한 과잉자본이 해외로 진출하게 되고, 이는 필연적으로 제국주의 국가들 간의 충돌을 불러온다는 것이었다. 1917년 러시아 혁명의 성공은 이런 분석이 단순한 이론이 아님을 증명했다. 제국주의 전쟁의 참화 속에서 러시아 인민들은 차르 체제를 무너뜨리고 세계 최초의 사회주의 국가를 건설했다. 이는 전 세계 피억압 민족들에게 새로운 희망을 주었다.

4) 대안으로서의 사회주의

 이렇게 보면 사회주의의 등장은 결코 우연이 아니었다. 그것은 자본주의가 약속했지만 지키지 못한 자유와 평등을 진정으로 실현하려는 역사적 요구에서 나온 필연적 결과였다. 자본주의가 생산력을 크게 발전시킨 것은 분명한 공헌이지만, 동시에 새로운 형태의 착취와 불평등을 만들어낸 것도 사실이었다.
 사회주의자들이 제시한 대안은 단순히 자본주의를 부정하는 것이 아니라, 그것이 이룬 성과를 계승하면서도 그 한계를 극복하는 것이었다. 생산수단의 사회적 소유를 통해 착취를 없애고, 계획경제를 통해 무정부적 생산을 극복하며, 노동자 계급의 정치권력을 통해 진정한 민주주의를 실현하자는 것이었다. 1949년 중국이 사회주의를 선택한 것도 바로 이런 역사적 맥락에서 이해해야 한다. 그들에게 사회주의는 단순한 이데올로기가 아니라, 반식민지 반봉건 사회에서 벗어나 진정한 근대화를 이루기 위한 현실적 대안이었던 것이다.
 하지만 사회주의는 단일한 개념이 아니라 다양한 의미로 사용되고 있다. 첫째, 고전적 사회주의는 생산수단의 사회적 소유와 계획경제를 통해 자유, 평등, 사회적 정의를 실현하려는 마르크스와 엥겔스의 원래 사상을 의미한다. 둘째, 제도적 사회주의는 사상이 아니라 소비에트 연방이나 동유럽 사회주의 국가들이 실제로 운영했던 구체적 시스템 자체를 지칭한다. 셋째, 목표로서의 사회주의는 자본주의보다 더 나은 사회를 구축하고자 하는 이상적 지향점에 초점을 맞춘 개념이다. 넷째, 공산주의의 초기 단계로서의 사회주의는 마르크스-레닌주의에 따라 자본주의에서 공산주의로 가는 과도기적 단계로 이해된다. 다섯째, 민주사회주의는 혁명이 아닌 민주적 방법을 통해 점진적으로 사회를 개혁하자는 서유럽 사회민주주의 정당들의 입장을 나타낸다.

이처럼 사회주의는 자본주의에 대한 다양한 형태의 응답으로 발전해 왔으며, 각각은 시대적 상황과 역사적 조건에 따라 서로 다른 모습을 보여주고 있다.

5) 중국이 선택한 사회주의

1949년 중국 공산당이 정권을 장악했을 때, 그들이 궁극적으로 지향한 것은 공산주의로 가는 과도기적 단계로서의 사회주의였다. 하지만 이 선택 뒤에는 중국만의 특수한 역사적 맥락이 있었다. 중국은 서구와 달리 근대적 부르주아 계급의 발달이 제한적이었다. 19세기 말부터 20세기 초 상하이, 텐진 등 연안 도시에서는 상당한 규모의 민족자본가 계층이 형성되었지만, 아편전쟁 이후 반식민지 상태에 놓이면서 자율적인 자본주의적 근대화가 구조적으로 제약받았다. 대다수 자본가들은 외국 자본에 종속된 매판자본가이거나 제한된 영역에서만 활동할 수 있었고, 광대한 농촌 지역의 인민들은 여전히 봉건적 착취 구조 속에서 고통받고 있었다. 이런 상황에서 중국 공산당은 서구식 자유민주주의와 자본주의적 발전 경로는 중국의 현실과 맞지 않는다고 판단했다. 대신 소비에트 모델을 참조하여 당이 인민을 대표하여 생산수단을 소유하고 계획경제를 통해 사회를 운영하겠다고 선언했다. 하지만 실제로는 1949년부터 1956년까지 신민주주의 단계를 거쳤다.[11] 이 시기에는 국유경제(国有经济), 합작사경제(合作社经济)와 함께 개체경제(个体经

---

11) 김정식외 1인, 「중국시장경제체제에 관한 연구」, 『한국비즈니스리뷰』 제5권 제1호, 지식경영연구원, 2012, 131쪽

济), 사영경제(私营经济)도 일정 정도 허용되었다.[12] 완전한 사회주의 개조는 1956년 이후에야 본격화되었다. 따라서 자본주의 단계를 완전히 건너뛰었다기보다는 자본주의적 발전 경로를 선택하지 않고 점진적으로 사회주의로 이행했다고 보는 것이 더 정확하다.

이러한 시도는 마르크스의 고전적 이론과 일정한 차이를 보였다. 마르크스는 주로 자본주의가 고도로 발달한 서구에서의 프롤레타리아 혁명을 염두에 두었지만, 동시에 아시아적 생산양식 개념을 통해 서구와 다른 사회 발전 경로의 가능성도 인정했다. 중국 공산당은 이런 이론적 차이를 마르크스주의의 보편적 진리를 중국의 구체적 실정과 결합한다는 방식으로 해결하려 했다.

▶ 역사의 거대한 실험

1949년 중국의 사회주의 선택은 단순한 정치적 결정이 아니었다. 그것은 서구 중심의 자본주의적 근대화 모델에 대한 대안을 모색하는 거대한 역사적 실험이었다. 그 실험은 성공과 실패를 반복하면서 지금도 계속되고 있다.

오늘날 중국은 세계 2위의 경제 대국이 되었지만, 그들이 추구하는 사회주의가 과연 무엇인지는 여전히 논란거리다. 소득 불평등이 심화되고 사영기업의 비중이 늘어나면서 어떤 이들은 이미 자본주의로 회귀했다고 보고, 어떤 이들은 여전히 사회주의의 길을 걷고 있다고 본다. 핵심 생산수단의 공유제와 공산당의 정치적 지도라는 기본 틀은 유지되고 있지만, 그 내용은 1949년과는 크게 달라졌다. 하나 분명한 것은 1949년의 선택이 중국뿐만 아니라 전 세계에 큰 영향을 미쳤다는

---

[12] 국유경제: 국가 소유 경제, 합작사경제: 협동조합 경제, 개체경제: 개인 경영 경제, 사영경제: 사기업 경제를 가르킨다.

점이다. 그것은 서구 중심의 자유민주주의적 근대화 모델이 유일한 길이 아니라는 것을 보여줬고, 많은 후진국들에게 다른 가능성을 제시했다. 비록 그 과정에서 많은 시행착오가 있었지만, 그 자체로 근대 세계 체제에 대한 대안적 접근의 소중한 경험이 되었다.

1949년을 이해하는 것은 단순히 과거를 아는 것이 아니다. 그것은 자본주의와 사회주의, 전통과 근대, 중심부와 주변부 사이의 복잡한 관계를 이해하는 열쇠다. 그리고 그것은 여전히 진행 중인 역사의 한 장면이기도 하다. 중국의 경험은 발전 경로의 다양성과 역사적 맥락의 중요성을 보여준다. 동시에 어떤 발전 모델이든 인간의 존엄성과 복지라는 근본 목표를 잃지 않아야 한다는 교훈도 준다.

2. 중국 당대문학을 만든 5대 사건: 격동의 역사 속에서 피어난 문학

문학은 시대의 거울이다. 특히 중국 당대문학은 1949년 중화인민공화국 건국 이후 중국이 겪은 격동의 역사와 떼려야 뗄 수 없는 관계에 있다. 사회주의 체제 하에서 문학은 더 이상 개인적 표현의 영역이 아니라 국가 건설과 이데올로기 선전의 도구로 기능했다. 1949년 이후 오늘날까지 중국 사회를 뒤흔든 다섯 개의 거대한 사건들이 중국 당대문학의 DNA를 결정지었다. 이 사건들을 시간 순서대로 따라가다 보면, 중국 당대문학이 왜 이런 모습을 갖게 되었는지, 그리고 어떤 방향으로 나아가고 있는지를 이해할 수 있다.

1) 연안문예좌담회와 사회주의 문학 체제 확립(1942-1949): 문학의 정치적 종속

1942년 5월 마오쩌둥이 주재한 옌안문예강화는 중국 당대문학의 출발점이자 근본 원리를 제시한 역사적 사건이었다. 마오쩌둥은 이 좌담회에서 "문예는 전체 혁명 기계의 한 구성 부분이 되어, 인민을 단결시키고 교육하며, 적을 타격하고 소멸하는 유력한 무기"가 되어야 한다고 선언했다. 이는 문학을 노동자·농민·군인을 위한 것, 즉 '인민을 위한 무기'로 전환시키는 이론적 토대가 되었다.

1949년 건국과 함께 이 원칙은 전면 시행되었다. 문학이 공식적으로 '정치의 도구'로서 기능하게 된 것이다. 사회주의 리얼리즘이 유일한 창작 방법론으로 강제되었고, 긍정적 영웅 서사와 집단주의 미학이 강조되었다. 작가들은 개인적 감정이나 예술적 실험보다는 당의 정책과 사회주의 건설을 옹호하는 작품을 써야 했다.

㉠ **문학사적 의미:** 이 시기는 중국 문학이 전통적인 문인 문학에서 완전히 벗어나 정치적 도구로 전환된 결정적 전환점이었다. 개인의 창작 자유는 집단의 이데올로기적 목표에 종속되었고, 문학의 사회적 기능이 예술적 가치보다 우선하게 되었다.

2) 대약진운동과 3년 자연재해(1958-1961): 이상주의의 파산과 생존의 문학

1958년 마오쩌둥은 "15년 안에 영국을 추월하자"는 야심찬 구호 아래 대약진운동을 시작했다. 전 국민이 뒷마당에서 철을 만들고, 농민들은 과학을 무시한 채 무리한 농법을 시도했다. 허위 보고가 만연했고, 현실을 직시하지 못한 정책들이 연쇄적으로 실패했다. 그 결과는 참혹했다. 1959년부터 1961년까지 3년간 수천만 명이 기근으로 목숨을 잃었다.

하지만 당시에는 이런 참상을 있는 그대로 기록하거나 비판하는 것이 불가능했다. 오히려 상황이 얼마나 좋은지를 과장해서 쓰는 문학만이 허용되었다. '위성문학[13]'이라 불린 이 현상은 농업에서 말하는 고수확 '위성'처럼 비현실적인 성과를 문학으로 형상화하는 것이었다. 시인들은 한 무당 몇 만 근의 곡물이 수확되었다고 노래했고, 소설가들은 하루아침에 강철 생산량이 수십 배 늘어나는 기적을 서술했다.

㉠ **문학사적 의미:** 이 시기 중국 문학의 가장 두드러진 특징은 현실 왜곡의 극단화였다. 문학은 현실의 거울이 아니라 환상의 제조기가 되었다. 개인의 서사는 완전히 소멸되었고, 진실을 쓰려는 시도는 곧바로 우파(右派)[14] 낙인과 숙청으로 이어졌다. 역설적으로 이 시기의 진정한 문학사적 의의는 문학의 부재에 있었다.

3) 문화대혁명(1966-1976): 문학의 죽음과 재탄생

1966년 5월, 마오쩌둥은 '무산계급문화대혁명'을 선언했다. 표면적으로는 낡은 문화를 타파하고 새로운 사회주의 문화를 건설하자는 것

---

13) 위성문학은 대약진운동 시기 농업에서 사용된 '위성전(卫星田)' 즉 비현실적으로 높은 수확량을 기록했다고 선전된 모범 농장에서 유래된 용어로, 문학에서도 마찬가지로 비현실적인 성과와 과장된 성공담을 그려내는 작품들을 지칭했다.
14) 중국 당대문학에서의 우파는 1957년 반우파투쟁에서 공산당 정책을 비판한 지식인들에게 붙여진 정치적 낙인을 뜻한다.

이었지만, 실제로는 정치적 목적이 더 컸다. '구사상, 구문화, 구풍속, 구습관'을 타파한다는 명목 하에 전통문화뿐만 아니라 1949년 이후 형성된 신문화까지도 공격 대상이 되었다. 문학계에 미친 충격은 상상을 초월했다. 라오서 같은 대작가는 홍위병들의 폭력을 견디지 못해 자살했고, 대부분의 작가들은 창작 활동을 중단해야 했다. 도서관과 서점에서는 수많은 책들이 불태워졌다. 허용되는 문학은 오직 '혁명 모범극(革命样板戏)15)' 몇 편뿐이었다. 10년 동안 중국 문학은 사실상 멈춰 서 있었다. 특히 충격적이었던 것은 지식인들에 대한 탄압이었다. '지식이 많을수록 반동적'이라는 논리로 작가와 학자들이 농촌으로 보내져 육체노동을 강요받았다. 많은 도시 청년들도 '상산하향(上山下乡)' 운동으로 시골에서 생활해야 했다. 이들을 '지식청년(知青)'이라고 불렀는데, 이들의 경험은 후에 중국 문학의 중요한 소재가 되었다.

㉠ **문학사적 의미:** 문화대혁명은 중국 문학사에서 가장 길고 어두운 터널이었지만, 동시에 가장 풍부한 문학적 자산을 남겼다. 아이러니하게도 문학을 말살하려 했던 이 시기가 오히려 후대 문학의 가장 중요한 소재가 된 것이다.

4) 개혁개방(1978-): 문학의 다양성과 자율성 확립

1978년 12월 중국공산당 제11기 3중전회에서 덩샤오핑의 개혁개방 정책이 공식 채택되었다. 이데올로기보다 현실을 중시하는 실용주

---

15) 혁명 모범극은 문화대혁명 시기 장칭(江青)이 주도하여 만든 8개의 공연 작품으로, 이 시기 유일하게 허용된 문화 콘텐츠였다. 경극 5편, 발레 2편, 교향악 1편으로 구성되었으며, 모두 계급투쟁과 혁명 영웅주의를 찬양하는 내용이었다.

의 정책은 경제분만 아니라 문화와 문학 영역에서도 전면적인 개방을 가져왔다. 문화대혁명과 그 이전 시기의 진실을 다룰 수 있게 되었고, 카프카, 보르헤스, 마르케스 같은 서구 작가들의 작품이 대거 번역되어 들어오면서 중국 문학의 상상력은 크게 확장되었다.

주요 문학 사조들:

㉠ **상흔문학(伤痕文学)(1977-1980):** 1977년 류신우(刘心武)의 『반주임(班主任)』 루신화(卢新华)의 단편 『상흔(伤痕)』으로 시작되었다. 상흔문학은 문화대혁명의 피해와 상처를 적나라하게 폭로하는 고발성과 작가들의 직접 체험을 바탕으로 한 자전적 성격을 특징으로 했으며, 개인적 고통과 가족 해체의 비극을 감정적으로 호소함으로써 사회적 치유를 추구했다.

㉡ **반사문학(反思文学)(1980년대):** 단순히 과거를 고발하는 데 그치지 않고, 왜 그런 일이 일어났는지, 우리는 무엇을 배워야 하는지를 깊이 성찰하는 문학이 나타났다. 반사문학은 개인의 고통보다 시스템과 이데올로기 자체에 대한 비판적 검토를 통해 문혁 발생 원인을 역사적으로 성찰했으며, 지식인적 관점에서 과거 청산을 통한 새로운 사회 건설 방향을 모색하는 미래 지향적 성격을 띠었다.

㉢ **개혁문학(改革文学)(1980년대 초중반):** 1980년대 초 중국의 개혁개방 정책과 함께 개혁문학이라는 새로운 문학 사조가 등장했다. 과거의 폐쇄적 체제에서 벗어나 새로운 변화를 모색하던 중국 사회의

분위기는 문학계에도 영향을 미쳤다. 작가들은 이러한 사회적 변화에 부응하며 미래에 대한 희망과 기대를 문학 작품을 통해 형상화하기 시작했다. 개혁문학 작가들의 특징은 기존의 경직된 사회 제도에 대한 비판을 넘어서 건설적인 대안을 제시하려 했다는 점이다. 이들은 단순한 부정이나 파괴가 아닌, 새로운 사회 제도와 인간상에 대한 탐구를 통해 문학의 사회적 역할을 확대했다.

ⓔ **심근문학(心根文学)(1985-1990)**: 개혁개방으로 인한 급속한 서구화 과정은 중국 지식인들로 하여금 자국의 전통 문화에 대해 깊이 성찰하게 만들었고, 이러한 문화적 반성에서 심근문학이 탄생했다. 1985년부터 1990년까지 전개된 심근문학은 서구 문물의 대량 유입으로 인해 동요하기 시작한 중국인의 정체성을 재확립하려는 문학적 시도였다.

ⓜ **선봉문학(先锋文学)(1985-1995)**: 선봉문학은 중국 문학사에서 가장 실험적인 성격을 지닌 문학 사조로 평가된다. 1985년부터 1995년까지 전개된 이 시기에는 서구 현대문학의 다양한 기법들이 중국에 본격적으로 도입되면서 작가들의 실험 정신이 확산되었다. 위화, 쑤퉁(苏童), 거페이(格非) 등의 작가들은 기존의 선형적 서사 구조를 해체하고 언어 자체를 실험의 대상으로 삼아 새로운 표현 방식을 모색했다.

ⓗ **문학사적 의미**: 개혁개방은 중국 당대문학의 진정한 출발점이다. 문학이 정치의 도구에서 벗어나 독립적인 예술 영역으로 인정받기 시작했고, 세계문학과의 본격적인 대화가 시작되었다. 문학적 다

양성이 확립되었고, 독자층이 확대되면서 문학 시장의 형성과 작가의 직업화가 가능해졌다.

5) WTO 가입과 시장경제 완전 도입(2001년 전후): 문학의 상업화와 대중화

2001년 12월 중국의 WTO 가입은 완전한 시장경제 체제로의 이행을 의미했다. 출판업도 시장 원리에 따라 운영되기 시작했고, 문학도 상품이 되었다. 춘수(春树)의 청춘 소설, 저우 웨이후이의 『상하이 베이비(上海宝贝)』 같은 도시 여성 소설이 폭발적 인기를 끌었고, 베스트셀러 현상이 등장했다. 2000년대 중반부터는 인터넷이 급속히 보급되면서 문학계에 혁명적 변화가 일어났다. 2002년 치디엔(起点中文网) 같은 온라인 문학 플랫폼이 등장하면서 누구나 인터넷에 자신의 소설을 연재할 수 있게 되었다. 독자들의 실시간 반응을 받으며 이야기를 전개하는 새로운 창작 방식이 등장했다.

주요 문학 사조들:

㉠ **신사실주의(新现实主义, 1990년대-2000년대):** 1990년대 중국 사회의 본격적인 시장경제 체제 전환은 문학계에도 새로운 사조를 출현시켰다. 신사실주의는 이 시기를 대표하는 문학 경향으로, 기존의 거대담론에서 벗어나 개인의 일상적 삶에 주목하였다. 츠리(池莉)와 팡팡(方方)으로 대표되는 작가들은 급변하는 사회 현실 속에서 살아가는 평범한 개인들의 모습을 세밀하게 포착하였다.

ⓒ **도시문학**(都市文学, 1990년대 후반-현재): 1990년대 후반부터 중국의 급속한 도시화 진행과 새로운 도시 계층의 등장은 도시문학이라는 새로운 문학 영역을 개척하였다. 왕삭(王朔)과 웨이휘(卫慧)로 대표되는 도시문학 작가들은 전통적인 농촌 배경에서 탈피하여 현대 도시의 복잡하고 다양한 면모를 문학적으로 형상화하였다. 도시문학의 등장은 대중문학의 부상과 밀접한 관련이 있으며, 상업성과 문학성을 결합시켜 새로운 독자층을 확보하는 데 성공하였다. 이는 중국 문학이 보다 대중친화적이고 현실적인 방향으로 발전해 나가는 중요한 전환점이 되었다.

ⓒ **여성문학**(女性文学, 1990년대-현재): 1990년대 이후 중국 사회의 여성 의식 각성과 성별 문제에 대한 관심 증대는 여성문학의 활발한 전개로 이어졌다. 여성문학 작품에는 여성으로서 겪는 차별과 억압, 사랑과 결혼에 대한 새로운 인식, 모성과 개인적 욕망 사이의 갈등 등이 섬세하게 다루어졌다. 여성문학은 단순히 여성 작가들의 작품을 지칭하는 개념이 아니라, 여성의 입장에서 사회를 관찰하고 분석하는 새로운 문학적 관점을 제시하였다는 점에서 의의가 크다.

ⓔ **80후문학**(80后文学): 1980년대에 태어난 세대가 문학계에 본격 진입하면서 나타난 80후문학은 기존 중국 문학과는 뚜렷이 구별되는 특성을 보였다. 이들은 개혁개방 이후 성장한 첫 번째 세대로서, 전례 없는 물질적 풍요와 문화적 개방성 속에서 자란 독특한 경험을 문학으로 형상화했다. 또한 집단보다는 개인의 내면에, 사회적 의무보다는 개인적 자유에 주목했다. 이러한 경향은 기존 중

국 문학의 집단주의적 전통과는 확연히 구별되는 것이었다.

ⓜ **인터넷문학(网络文学)**: 2005년을 기점으로 본격화된 인터넷문학은 중국 문학사에서 가장 혁명적인 변화 중 하나였다. 치디엔, 진강문학성(晋江文学城) 등의 온라인 플랫폼이 등장하면서 문학 창작과 유통의 패러다임이 완전히 바뀌었다.

가장 주목할 만한 변화는 창작 주체의 확산이었다. 더 이상 출판사의 승인이나 편집자의 검증 과정을 거치지 않고도 누구나 자신의 작품을 독자들에게 직접 선보일 수 있게 되었다. 독자와 작가 간의 관계도 근본적으로 변화했다. 연재 시스템을 통해 작가들은 독자들의 실시간 반응을 받으며 작품을 수정하고 발전시킬 수 있게 되었다. 댓글, 추천, 구독 등의 기능은 독자들이 단순한 소비자를 넘어 창작 과정의 적극적 참여자로 자리매김하게 했다. 장르적 측면에서도 혁신이 일어났다. 판타지(玄幻), 무협(武侠), 言情(로맨스), 등 기존 순문학에서는 주변부에 머물렀던 장르들이 주류로 부상했다.

ⓗ **과학소설(科幻文学)**: 2000년대 후반부터 주목받기 시작한 과학소설 장르는 중국 문학이 세계 무대에서 인정받을 수 있는 새로운 가능성을 제시했다. 류츠신(刘慈欣)의 『삼체(三体)』시리즈가 2015년 휴고상을 수상한 것은 단순한 개인의 성취를 넘어 중국 문학 전체의 국제적 위상 제고를 의미하는 상징적 사건이었다. 중국의 과학소설은 과학적 상상력과 현실 비판 의식을 절묘하게 결합시켰다. 미래에 대한 상상을 통해 현재의 문제점들을 조명하고, 인류의 보편적 가치에 대한 근본적 질문을 던졌다. 이는 중국 문학이 지역적

특수성의 한계를 넘어 전 인류가 공감할 수 있는 주제들을 다룰 수 있음을 보여주었다.

Ⓐ **문학사적 의미:** 이 시기는 '순수문학의 시대'에서 '대중문학의 시대'로의 전환을 의미했다. 문학 시장이 형성되고, 독자 중심의 문학으로 전환되었으며, 창작의 민주화가 실현되었다. 특히 인터넷 혁명은 문학 창작과 유통의 패러다임을 근본적으로 바꿔놓았다.

6) 격동의 역사가 만든 독특한 문학

중국 당대문학은 이 다섯 개의 역사적 사건을 통해 세계 어느 나라와도 다른 독특한 모습을 갖게 되었다. 정치적 격변과 사회적 변화가 문학에 직접적으로 개입하면서, 중국 문학은 순수한 예술 활동이라기보다는 시대의 증언자 역할을 수행해왔다.

오늘날 중국 문학은 전통과 현대, 중국적 특수성과 세계적 보편성 사이에서 새로운 균형점을 찾아가고 있다. 과거의 상처를 치유하면서도 미래를 향한 상상력을 발휘하고, 개인의 목소리를 존중하면서도 사회적 책임을 다하려는 노력이 계속되고 있다. 이런 점에서 중국 당대문학은 여전히 진행 중인 '현재사'라고 할 수 있다.

모옌(莫言):『붉은 수수밭(红高粱)』

1.『붉은 수수밭』: 작가 소개와 주요 스토리

▶ 작가 소개

㉠ **생애와 배경:** 모옌(본명: 관모예 管谟业)은 1955년 2월 17일 중국 산둥성 가오미현(高密县)의 농촌에서 태어났다. 그의 필명 '모옌'은 '말하지 않는다'는 뜻으로, 문화대혁명이라는 격동의 시대에 함부로 말했다가는 가족에게 화가 미칠 수 있다는 두려움에서 비롯되었다. 동시에 이는 말보다는 글로써 자신의 생각을 표현하겠다는 작가적 의지의 표명이기도 했다. 어린 시절 극심한 가난을 경험한 모옌은 문화대혁명으로 학업을 중단하고 공장에서 일해야 했다. 20세에 군에 입대한 후 본격적인 문학 수업을 받았고, 1981년 첫 작품을 발표하며 문단에 등장했다. 군대에서의 경험과 체계적인 문학 교육은 그의 작품 세계 형성에 중요한 밑바탕이 되었다.

모옌의 작품은 '환상적 사실주의'라는 독특한 기법으로 유명하다. 그는 현실과 환상, 민담과 역사를 자유자재로 넘나들며 중국 현대사의 복잡한 면모를 그려낸다. 이러한 서술 방식 때문에 그는 종종 '중국의 카프카(Franz Kafka)' 또는 '중국의 포크너(William Faulkner)'로 불린다. 특히 그의 고향인 산둥성 가오미 지역은 그의 대부분 작품에서 중요한 배경으로 등장한다. 이 지역의 풍습과 방언, 민담이 그의 소설에 생생한 현실감과 토속적 생명력을 부여한다. 사회주의와 자본주의 사이를 오가는 중국 현대사의 격랑 속에서도 굳건히 살아가는 민중의 모습을 특유의 유머와 해학으로 형상화하는 것이 그의 가장 큰 특징이다.

ⓛ **노벨문학상과 『개구리(蛙)』:** 2012년 모옌은 아시아 네 번째, 중국 국적 작가로는 최초로 노벨문학상을 수상했다. 스웨덴 한림원은 수상 이유로 '환상적 사실주의를 통해 민담과 역사, 현대를 융합한 독창적 문학 세계'를 꼽았다. 수상 직전인 2009년에 발표한 『개구리』는 그의 대표작 중 하나로 꼽힌다. 이 작품은 중국의 한 자녀 정책이라는 극도로 민감한 사회 문제를 정면으로 다룬 최초의 소설로, 정책 시행 과정에서 벌어진 인권 유린과 생명 경시 풍조를 신랄하게 비판했다. 작가 자신의 고모를 모델로 한 산부인과 의사의 일생을 통해 국가 정책이 개인의 삶에 미치는 파괴적 영향을 생생하게 그려냈다.

ⓒ **문학사적 의미:** 모옌의 문학은 중국 현대사의 어둠과 모순을 직시하면서도 절망에 빠지지 않는 강인한 생명력을 보여준다. 그는 정치적 이념이나 체제에 매몰되지 않고 인간 본연의 모습과 삶의 진실을 추구한다. 이러한 균형감각과 예술적 성취로 인해 체제 옹호자와 비판자 양쪽으로부터 공격받기도 하지만, 그의 문학적 가치 자체는 흔들림이 없다.

한국과도 깊은 인연을 맺고 있는 모옌은 2005년 서울국제문학포럼을 통해 처음 방한한 이후 여러 차례 한국을 방문했으며, 2010년 만해문학상을 수상하기도 했다. 현재도 왕성한 창작 활동을 이어가고 있는 그는 동아시아 문학의 세계화에 중요한 역할을 하고 있는 작가로 평가

받고 있다.

▶ 주요 스토리

㉠ **운명적 만남:** 가난한 농가의 딸 '추알(九兒)'은 가족의 생존을 위해 부모의 명령에 따라 나귀 한 마리와 맞바꾸어 리씨 집안의 양조장 주인과 혼인을 치르게 된다. 신랑은 나병 환자이자 50이 넘은 노총각으로, 이 결혼은 사실상 경제적 거래에 불과했다. 혼례날, 신부 가마가 끝없이 펼쳐진 붉은 수수밭 사이의 좁은 길을 지나던 중, 가마꾼 '위잔아오(余占鰲)'와 추알 사이에는 순간적이지만 강렬한 감정의 교류가 일어난다.

㉡ **금기된 사랑:** 리씨 집안에 며느리로 들어간 추알은 병든 남편과의 기형적 결혼생활에 절망한다. 그러던 중 위잔아오와 재회하게 되고, 두 사람은 사회적 금기를 무릅쓰고 격정적인 사랑에 빠진다. 이들의 만남은 붉은 수수밭 깊숙한 곳에서 이루어지며, 원시적이고 생명력 넘치는 사랑을 나눈다. 수수밭은 그들의 은밀한 사랑의 공간이자, 자유로운 영혼이 소통하는 성역이 된다.

㉢ **새로운 삶의 시작:** 리씨가 의문사한 후, 추알은 위잔아오와 정식으로 결합하여 아들 더우관(豆官)을 낳는다. 위잔아오는 뛰어난 사업 수완을 발휘하여 양조장을 운영하며 지역의 유력 인사로 성장한다. 그가 빚어내는 고량주는 붉은 수수로 만든 것으로, 그 맛과 향이 일품이어서 멀리까지 명성이 퍼진다. 이 시기 두 사람은 비교적 평온하고 행복한 나날을 보내며, 자신들만의 작은 왕국을 건설해 나간다. 하지만 역사의 거대한 소용돌이가 이들의 평화로운 일상

을 위협하기 시작한다.

ⓔ **전쟁의 그림:** 1937년 중일전쟁이 본격화되면서 일본군이 산둥성 일대를 점령하기 시작한다. 침략자들은 잔혹한 수탈과 학살을 자행하며, 평화롭던 십팔리고개 양조장 마을도 전쟁의 참화에 휩싸인다. 양조장을 떠나 항일 게릴라에 가담했던 루어한이 일본군에 붙잡혀 산 채로 가죽이 벗겨지는 참혹한 형벌을 당한다. 이 잔혹한 광경을 목격한 마을 사람들의 분노가 폭발하고, 위잔아오는 조국의 위기 앞에서 개인의 안위를 뒤로 하고 항일 무장투쟁에 나선다.

ⓕ **마지막 전투:** 일본군의 대규모 토벌 작전이 시작되고, 위잔아오가 이끄는 저항 세력은 게릴라전을 전개한다. 추알도 남편과 함께 항일 투쟁에 참여한다. 그러나 어느 날 수수밭에서 일하던 추알이 일본군의 총탄에 맞아 쓰러진다. 식사를 들고 달려온 위잔아오와 어린 아들 더우관은 추알의 시신 앞에서 오열한다. 붉은 수수밭에 추알의 붉은 피가 스며들면서, 수수는 더욱 선명한 붉은빛을 띠게 된다. 영화는 아들 더우관이 어머니의 넋을 달래는 애절한 노래를 부르며 끝을 맺는다. 추알의 숭고한 희생은 후대에 길이 기억될 전설이 된다.

2. 『붉은 수수밭』: 작품 분석

이 작품은 극한 상황에서 발현되는 인간의 원초적 생명력과 애국심을 붉은 수수밭이라는 상징적 공간을 통해 형상화한 대작이다. 개인의 사랑과 민족의 운명이 하나로 융합되는 서사적 웅장함을 보여주며, 중국 현대문학사에 큰 족적을 남긴 기념비적 작품으로 평가받고 있다.

1) 문학적 분석과 의미

▶ 주요 문학적 특징

㉠ **마술적 사실주의[16](魔幻现实主义) 기법의 구현:** 모옌의 『붉은 수수밭』은 라틴아메리카 문학의 마술적 사실주의 기법을 중국적 맥락에서 재해석한 대표작이다. 작가는 가브리엘 가르시아 마르케스(Gabriel García Márquez)의 『백년 동안의 고독(One Hundred Years of Solitude)』에서 영향을 받았음을 공개적으로 인정한 바 있다. 구체적으로 살펴보면, 붉은 수수밭은 현실적 농업공간이면서 동시에 초월적 상징공간으로 기능한다. 수수의 붉은빛은 다층적 은유체계를 구성하는데, 첫째로는 생명력과 열정의 상징, 둘째로는 혁명과 저항의 상징(항일무장투쟁), 셋째로는 죽음과 희생의 상징(최후의 전투에서 흘린 피)으로 해석된다. 이러한 삼중적 상징구조는 현실과 환상의 경계를 해체하면서 독자로 하여금 새로운 인식의 지평을 열게 한다.

㉡ **원시생명력(原始生命力) 담론의 철학적 기반:** 작품에 나타난 원시생명력 찬양은 단순한 반문명적 태도가 아니라, 니체의 '생의 의지

---

[16] 마술적 사실주의는 1960년대 라틴아메리카에서 시작된 문학 기법으로, 현실적인 상황 속에 환상적이고 비현실적인 요소들을 자연스럽게 결합시키는 서술 방식이다.

[17](Wille zum Leben)' 철학과 베르그송의 '생명충동[18](élan vital)' 이론에 기반한 철학적 사유의 결과물이다. 추알과 위잔아오의 사랑은 유교적 예교질서(礼敎秩序)에 대한 직접적 도전으로 읽힌다. 특히 이들의 결합이 붉은 수수밭이라는 '야성의 공간'에서 이루어진다는 점은 문명과 야성, 억압과 해방의 이분법적 대립구조를 선명하게 드러낸다. 이는 루쉰의 '철옥론[19](铁屋论)'과 연결되는 것으로, 전통적 윤리체계의 감옥에서 벗어나려는 존재론적 몸부림을 형상화한 것이다.

ⓒ **폭력의 변증법적 성격:** 모옌이 그려내는 폭력은 발터 벤야민(Walter Benjamin)의 '신화적 폭력'과 '신적 폭력' 개념들로 분석할 수 있다. 위잔아오의 초기 폭력성(산적 활동)은 기존 질서를 파괴하는 '신화적 폭력'의 성격을 띠지만, 항일투쟁 과정에서의 폭력은 새로운 질서를 창조하는 '신적 폭력'으로 전환된다. 이러한 폭력의 이중성은 중국 현대사의 특수성과 밀접한 관련이 있다. 군벌혼전기와 항일전쟁이라는 역사적 맥락에서 폭력은 생존의 필수조건이면서 동시에 민족적 정체성을 구성하는 핵심요소로 기능한다. 특히 위잔아오의 캐릭터는 '영웅호한(英雄豪汉)'의 전통적 원형과 현대적 민족주의 담론이 결합된 복합적 존재로 해석된다.

---

17) 생애의지는 니체가 제시한 철학 개념으로, 모든 생명체가 지닌 근본적 생명 충동을 의미한다. 단순한 생존 욕구를 넘어 자기 확장과 극복을 통해 생명력을 최대한 발휘하려는 인간의 본질적 욕구를 설명한다.
18) 생명충동은 앙리 베르그송이 제시한 개념으로, 모든 생명체 내부에 존재하는 창조적 진화의 원동력을 의미한다. 생명이 물질의 저항을 극복하며 끊임없이 새로운 형태로 진화해 나가는 자발적·창조적 힘을 설명한다.
19) 루쉰이 1918년 『광인일기』 서문에서 제시한 유명한 비유이다. "철로 만들어진 집에 많은 사람들이 잠들어 있는데, 곧 질식사할 상황이다. 몇 명을 깨우면 그들은 죽음의 고통을 겪게 되지만, 그렇다고 깨우지 않으면 모두 조용히 죽게 된다"는 내용이다. 이는 당시 중국 사회의 무지와 낙후성을 '철옥'으로, 민중을 '잠든 사람들'로 비유하여 계몽의 딜레마를 표현한 것이다.

▶ **서사구조의 정치학**

㉠ **원환구조[20](圆环结构)와 신화적 시간관념:** 작품의 원환구조는 엘리아데(Mircea Eliade)의 '영원회귀의 신화' 개념과 연결된다. 붉은 수수밭에서 시작되어 붉은 수수밭에서 종결되는 구조는 선형적 역사관념에 대한 거부이자, 순환적 우주관의 구현이다. 이러한 구조적 특징은 특히 작품의 결말에서 극명하게 드러난다. 위쥔신의 죽음은 단순한 비극적 종료가 아니라, 그들의 생명력이 붉은 수수밭에 스며들면서 영원한 생명으로 환생하는 과정으로 묘사된다. 이는 중국 전통의 윤회사상과 현대적 생태주의 사유가 결합된 독특한 죽음관을 보여준다.

㉡ **다층적 시간의식과 기억의 정치학:** 작품은 하이든 화이트(Hayden White)의 '메타역사학' 이론에서 논의되는 '서사적 역사구성'의 전형을 보여준다. 할아버지 세대의 이야기가 손자 세대의 관점에서 재구성되는 과정은 객관적 역사와 주관적 기억 사이의 긴장관계를 드러낸다. 특히 주목할 점은 공식 역사서술에서 소외된 민중의 경험이 개인적 기억을 통해 복원된다는 것이다. 이는 미셸 푸코(Michel Foucault)의 '계보학적 방법론'과 유사한 접근으로, 지배담론에 의해 억압된 '작은 역사들'을 발굴하고 재평가하는 작업으로 해석된다.

---

20) 소설의 구성 기법 중 하나로, 작품의 시작과 끝이 동일한 상황이나 장면으로 연결되어 하나의 원을 이루는 구조를 의미한다. 이러한 구조는 이야기의 순환성과 운명의 반복성을 강조하며, 독자에게 깊은 여운과 상징적 의미를 전달한다. 특히 현대 소설에서 시간의 순환, 역사의 반복, 인간 운명의 숙명성 등을 표현하는 데 효과적으로 활용된다.

▶ 문체론적 특징

㉠ **언어의 감각적 밀도:** 모옌의 문체는 극도로 감각적이고 육체적인 특징을 보인다. 특히 후각과 미각에 대한 세밀한 묘사는 독자의 신체적 반응을 직접적으로 유발한다. 이는 바흐친(M.M. Bakhtin)의 '육체적 리얼리즘' 개념과 연결되는 것으로, 추상적 관념보다는 구체적 감각을 통해 현실을 인식하려는 미학적 지향을 보여준다.

㉡ **방언과 구어체의 적극적 활용:** 작품에서 산둥방언의 적극적 사용은 단순한 지역색 부여를 넘어서, 표준 중국어로 대표되는 중앙집권적 문화권력에 대한 저항의 의미를 갖는다. 이는 들뢰즈와 가타리(Deleuze & Guattari)의 '소수문학[21](littérature mineure)' 개념틀에서 해석될 수 있다.

2) 심근문학과의 연결성

▶ 『붉은 수수밭』의 심근문학적 특징 분석

㉠ **지역성(地域性)의 문학지리학적 의미:** 모옌이 택한 산둥성 가오미현은 단순한 공간적 배경이 아니라 '장소의 정신(genius loci)'이 구현된 문화적 토포스(topos)다. 가스통 바슐라르(Gaston Bachelard)의 '공간의 시학' 이론에 따르면, 장소는 단순한 물리적 실체가 아니라 기억과 상상력이 응축된 심리적 공간이다. 실제로 작품에서 "붉은 수수가 끝없이 펼쳐진 이 땅에서 나의 조상들은 삶과 죽음

---

[21] 소수문학은 언어적 소수자가 다수 언어를 사용하여 창작하는 문학을 의미한다. 여기서 '소수'는 수적 개념이 아니라 권력 관계에서의 위치를 뜻한다. 이 개념은 탈식민지 문학, 이민자 문학, 소수 민족 문학 등을 이해하는 중요한 이론적 틀을 제공한다.

을 반복했다"라는 서술은 공간이 단순한 배경이 아닌 역사적 기억의 저장소임을 보여준다.

또한 가오미현은 실제 지명이지만, 작품 속에서는 '상상의 공동체(imagined community)'로서의 성격을 강하게 띤다. 벤딕트 앤더슨(Benedict Anderson)의 개념을 차용하면, 가오미현은 근대 국민국가 형성 이전의 '원초적 공동체'의 모습을 보여주는 이상화된 공간으로 기능한다. 이는 중국 전통 문학의 '桃花源記(도화원기)' 전통과도 맥이 닿아 있다. 작품에서 구체적으로 묘사되는 지역적 특성들을 살펴보면, 첫째, 자연환경적 특징(끝없는 수수밭, 황토 언덕), 둘째, 생업구조의 특성(농업과 수공업의 결합, 양조업의 발달), 셋째, 사회조직의 특성(혈연과 지연 중심의 공동체 결속), 넷째, 문화적 관습(혼례의식, 상례절차, 계절축제) 등이 총체적으로 그려진다.

ⓒ **민속문화학적 재현과 그 한계:** 작품에서 재현되는 민속문화 요소들은 클리퍼드 기어츠(Clifford Geertz)의 '두꺼운 기술(thick description)' 방법론을 연상시킨다. 모옌은 표면적 현상뿐만 아니라 그 내부의 상징적 의미체계까지 세밀하게 포착하려 시도한다.

구체적 사례를 들어보면, 첫째, 혼례의식: "열여덟 개의 붉은 등불이 바람에 흔들리며… 신부의 얼굴은 붉은 비단으로 가려져 있었다"와 같은 묘사에서 단순한 절차적 기술을 넘어서 혼례가 갖는 사회적 의미(집안 간의 경제적 결합, 여성의 사회적 지위 변화, 생식력에 대한 기대 등)를 다층적으로 분석한다. 둘째, 양조기법: '위잔아오가 술독에 소변을 누자 오히려 더 좋은 술이 되었다'는 일화는 기술적 묘사와 함께, 술이 갖는 문화적 의미(사회적 결속의 매개체, 신성성의 상징, 남성성의 표현 등)를 탐구한다. 이는 중국 전통의 '酒文化(주문화)' 전통과 연결된다. 셋째, 민간신앙: 조상숭배, 자연숭배, 귀신관념 등이 일상생활에 미치는 영향이 "죽은 자들의 영혼이 수수밭에 깃들어 있다"는 식의 서술을 통해 구체적으로 제시된다.

그러나 이러한 민속문화 재현에는 일정한 한계도 존재한다. 에드워드 사이드(Edward Said)의 '오리엔탈리즘' 비판을 원용하면, 모옌의 민속문화 재현에는 '자기 오리엔탈리즘(self-orientalism)'의 경향이 나타난다. 즉, 서구적 근대성에 대비되는 '전통적 동양성'을 과도하게 강조함으로써, 결과적으로 서구 중심적 이분법적 사고를 재생산할 위험성을 내포한다. 특히 '야성적이고 원시적인 중국인'의 이미지는 서구 독자들의 이국주의적 시선을 의식한 것으로 보인다.

ⓒ **반서구적 문화의식의 이론적 근거**: 모옌의 반서구적 문화의식은 표면적으로는 문화민족주의의 성격을 띠지만, 심층적으로는 보다 복합적인 이론적 배경을 갖는다. 첫째, 막스 베버(Max Weber)의 '서구적 합리성' 비판과 연결된다. 모옌이 그려내는 전통사회의 인물들은 베버가 말하는 '도구적 합리성'보다는 '가치 합리성'에 기반하여 행동한다. 위잔아오가 "명예를 위해 목숨을 걸고 추알을 구하러 간다"는 행동양식은 경제적 효율성보다는 의리라는 전통적 가치에 의해 결정된다. 둘째, 헤르더(J.G. Herder)의 '민족정신(Volksgeist)' 개념과 유사한 문화상대주의적 관점을 보여준다. 모옌은 서구적 근대성을 절대적 기준으로 받아들이기보다는, 각 민족이 고유한 문화적 발전경로를 갖는다는 입장을 취한다. 이는 중국 근대 문학사의 '민족 문학론' 전통과도 맥락을 같이 한다. 셋째, 포스트콜로니얼 이론의 '문화적 저항' 담론과 연결된다. 호미 바바

(Homi Bhabha)의 '문화적 번역(cultural translation)' 개념을 적용하면, 모옌의 작업은 서구적 문학형식(소설)을 통해 중국적 문화내용을 표현하는 '창조적 번역'의 과정으로 해석된다. 넷째, 중국 문학사적 맥락에서 보면, 모옌의 작업은 1980년대 '심근문학' 운동의 연장선상에 있다. 한샤오궁(韩少功), 아청(阿城) 등과 함께 서구 모더니즘의 영향을 받으면서도 중국적 전통을 재발견하려는 시도를 보여준다. 또한 루쉰 이래의 '국민성 개조' 담론에 대한 우회적 응답으로도 읽힐 수 있다. "나약한 국민성을 극복하기 위해서는 오히려 전통적 생명력을 되찾아야 한다"는 것이 모옌의 숨겨진 메시지인 것이다.

3. 『붉은 수수밭』이 현대 한국사회에 던지는 메시지: 전통문화는 철 지난 콘텐츠인가?

1) 전통의 재해석: 보존에서 창조로

모옌의 『붉은 수수밭』에서 가장 주목할 만한 점은 전통을 대하는 작가의 시각이다. 작품 속 가오미현 사람들은 조상들의 양조법을 맹목적으로 따르지 않는다. 위잔아오는 "할아버지의 방식대로 하되, 지금 사람들의 입맛에 맞게 조금씩 바꿔나간다"며 전통 기법을 현재적 필요에 맞게 변화시킨다. 이는 단순한 복고주의가 아닌 창조적 계승의 모델을 제시한다. 현재 한국사회는 전통문화의 심각한 위기에 직면해 있다. 급속한 도시화로 농촌 공동체가 해체되고, 전통 생활양식이 관광 상품이나 박물관 전시품으로만 남아있는 실정이다. 그러나 모옌의 관점에서 보면, 진정한 문제는 전통의 소멸이 아니라 전통의 박제화에 있다.

▶ 구체적 적용 사례

㉠ **언어의 문화적 가치 재발견:** 모옌이 산둥방언을 문학어로 승화시킨 것처럼, 한국 각 지역의 방언을 표준어로 획일화하는 것이 아니라 고유한 문화적 자산으로 인식하는 전환이 필요하다. 최근 젊은 세대 사이에서 사투리를 활용한 콘텐츠가 인기를 끌고 있는 것은 이런 변화의 징후로 볼 수 있다.

㉡ **공동체 문화의 현대적 재구성:** 작품 속 마을 공동체의 상호부조 정신은 현재 한국의 마을 만들기 운동, 협동조합, 품앗이 문화 등으로 재해석될 수 있다. 중요한 것은 형식의 완전한 복원이 아니라 공동체적 가치의 현대적 실현이다.

㉢ **전통 기술의 지속가능한 발전:** 가오미현의 양조 기술처럼, 한국의 전통 기술(도자기, 한지, 자수 등)을 현대 산업과 연결하는 시도들이 늘어나고 있다. 이는 전통이 과거의 유물이 아니라 현재 진행형의 창조적 자원임을 보여준다.

2) 개발주의에 대한 성찰: 속도에서 지속가능성으로

『붉은 수수밭』에서 붉은 수수밭은 단순한 농업 공간을 넘어 생명의 순환이 이뤄지는 생태계로 그려진다. 인물들은 자연을 정복하려 하지 않고 자연의 리듬에 맞춰 살아간다. 이는 한국의 압축 성장 모델에 대한 근본적 성찰을 요구한다. 한국은 1960년대 이후 '빨리빨리' 문화를 통해 단기간에 경제발전을 이뤘지만, 그 과정에서 환경파괴와 생태계 훼손이라는 대가를 치렀다. 새만금 간척사업, 4대강 사업 등은 '개발이 곧 발전'이라는 패러다임의 결과물이다.

▶ **생태적 삶의 방식으로의 전환**

모옌이 제시하는 대안은 자연의 힘을 존중하는 삶의 방식이다. 위잔 아오의 양조장이 자연의 발효 과정을 활용하듯, 한국사회도 인공적 조작보다는 자연의 순환을 중시하는 방향으로 전환할 필요가 있다. 이는 현재 한국 정부가 추진하는 '그린 뉴딜' 정책이나 '탄소 중립' 목표와도 맞닿아 있다. 대규모 재개발 대신 기존 공동체를 보존하는 도시 재생, 기계화 농업 대신 소규모 생태 농업, 그리고 '느림의 미학'을 추구하는 슬로우 라이프 운동 등이 그 구체적 실천 방안이 될 수 있다.

3) 세대 갈등과 소통

『붉은 수수밭』의 서사 구조는 매우 독특하다. 할아버지 세대의 이야기가 손자 세대로 전승되는 과정에서, 과거와 현재가 자연스럽게 만난다. 이는 단순한 회고가 아니라 세대간 소통을 통한 지혜의 전수를 의미한다.

작품 속 화자는 할아버지의 경험을 현재적 관점에서 재해석하며, 과거의 이야기를 오늘날의 현실과 연결시킨다. 할아버지와 할머니가 겪었던 항일투쟁의 역사는 단순히 지나간 옛날이야기가 아니라, 현재를 살아가는 후손들에게 여전히 의미를 갖는 살아있는 유산으로 그려진다.

이처럼 전통은 일방적 전수가 아니라 세대간 대화를 통한 재창조 과정에서 생명력을 얻는다. 화자가 조상들의 이야기를 자신만의 언어로 재구성하는 과정에서, 과거의 경험은 현재적 의미를 획득하고 미래로 이어질 수 있는 동력을 얻게 된다.

▶ 한국사회 세대 갈등의 새로운 접근

현재 한국사회는 심각한 세대 갈등을 겪고 있다. 기성세대와 젊은 세대 사이의 가치관 차이, 경제적 불평등, 정치적 견해 차이 등이 사회적 분열을 야기하고 있다. 특히 전통문화에 대한 인식에서도 이런 갈등이 두드러진다.

㉠ **전통 인식의 차이:** 기성세대는 전통의 '원형 보존'을 중시하는 반면, 젊은 세대는 '현대적 재해석'을 선호한다. 최근 한복 개량 논란이나 전통 음식의 퓨전화에 대한 세대별 반응 차이가 그 예다.

㉡ **소통 방식의 변화:** 모옌이 보여준 것처럼, 진정한 문화 전승은 강압적 주입이 아니라 자연스러운 체험과 공감을 통해 이뤄져야 한다. 할아버지가 손자에게 양조법을 가르치는 방식은 현재 한국의 전통문화 교육에 중요한 시사점을 제공한다.

㉢ **경험의 공유:** 작품에서 할아버지의 경험담은 단순한 과거 회상이 아니라 현재를 사는 지혜로 재탄생한다. 이는 한국의 세대 갈등 해결에서도 상호 경험 공유의 중요성을 보여준다.

4) 살아있는 전통을 향하여

모옌의 『붉은 수수밭』이 우리에게 던지는 핵심 메시지는 전통이 현재의 삶과 분리되어서는 안 된다는 것이다. 전통문화는 박물관에 보관해야 할 유물이 아니라, 현재를 사는 사람들의 삶 속에서 끊임없이 재해석되고 재창조되어야 하는 살아있는 문화다.

한국사회가 직면한 전통문화 위기의 해법은 단순한 보존이 아니라 창조적 계승에 있다. 이는 형식의 완벽한 복원이 아니라 정신의 현대적 실현을 의미한다. 가오미현 사람들이 조상들의 양조법을 현재적 필요에 맞게 발전시켰듯, 우리도 전통문화의 본질적 가치를 현대적 방식으로 구현해 나가야 한다. 특히 환경 위기와 성평등 문제에 직면한 현재, 모옌이 제시하는 생태적 삶의 방식과 여성 주체성에 대한 통찰은 한국사회에 중요한 시사점을 제공한다. 전통은 과거의 짐이 아니라 미래를 위한 지혜의 원천이 될 수 있다.

4. 비평적 조명: 살아있는 전통과 죽은 전통

2022년 3월 문화재청이 '한복 입기'를 국가무형문화재로 지정 예고했을 때, 한국사회는 복잡한 반응을 보였다. 한복의 문화적 가치를 공식적으로 인정한다는 평가와 함께, 과연 이것이 전통문화 보존의 진정한 해법인가 하는 의문도 제기되었다. 이런 현실 앞에서 모옌의 『붉은 수수밭』이 보여주는 전통문화에 대한 관점은 우리에게 깊은 성찰을 요구한다.

『붉은 수수밭』에서 모옌은 전통에 대한 이중적 시각을 보여준다. 한편으로는 가오미현의 양조 기법, 혼례 풍습, 민간 신앙 등 깊이 뿌리내린 전통문화를 애정 어린 시선으로 그려낸다. 다른 한편으로는 전족, 가부장적 관습, 맹목적 권위주의 등 개인의 자유와 존엄을 억압하는 전통의 어두운 면을 신랄하게 비판한다. 특히 주목할 점은 모옌이 전통을 정적인 것으로 보지 않는다는 것이다. 위췬신의 양조장은 조상들의 방식을 그대로 답습하는 것이 아니라, 현재의 필요와 상황에 맞게 변화하면서도 그 본질적 가치를 유지한다. 이는 전통이 박물관 속 유물이 아니라 현재 진행형의 삶이어야 한다는 모옌의 철학을 보여준다.

여기서 중요한 것은 모옌이 제시하는 전통계승의 기준이다. 그것은 형식의 완벽한 보존이 아니라 정신의 창조적 계승이다. 가오미현 사람들이 외침에 맞서 싸울 때, 그들을 움직이는 것은 조상들의 구체적인 교훈이 아니라 자유롭고 당당하게 살아가려는 정신이다. 이런 정신이 살아있는 한, 형식은 시대에 맞게 변화할 수 있다는 것이 모옌의 관점이다. 작품에서 할아버지 세대의 이야기가 손자 세대로 전승되는 과정 역시 단순한 복사가 아니라 재해석과 재창조를 통해 이뤄진다. "할아버지의 이야기는 옛날 이야기가 아니라 지금도 계속되고 있는 우리의 이야기다"라는 화자의 고백은 전통이 과거와 현재를 잇는 살아있는 다리 역할을 해야 함을 의미한다.

현재 한국의 전통문화는 모옌이 경계했던 '박제화'의 위험에 처해 있다. 한복은 주로 특별한 날에만 입는 '특별한 옷'으로 인식되고, 전통음식은 명절 때만 해먹는 '명절 음식'이 되었으며, 전통 예절은 관혼상제에서만 등장하는 '의례적 행위'로 축소되었다. 이는 전통과 현대의 단절을 의미한다. 이런 상황에서 무형문화재 지정 같은 제도적 보존 노력은 필요하지만, 동시에 새로운 위험을 내포한다. 전통문화가 '보존해야 할 대상'으로만 인식될 때, 그것은 더 이상 살아있는 문화가 아니라 죽은 유물이 된다. 모옌이 『붉은 수수밭』에서 보여준 것처럼, 진정한 전통은 그것을 일상적으로 살아가는 사람들의 삶 속에서만 생명력을 유지할 수 있다.

흥미롭게도 현재 한국은 K-pop, K-드라마 등 현대 문화콘텐츠의 세계적 성공을 경험하고 있다. 하지만 이러한 성공과 전통문화의 보존 사이에는 묘한 간극이 존재한다. 현대 한류문화는 전 세계인의 관심을 끌고 있지만, 정작 그 뿌리가 되는 전통문화는 점점 설 자리를 잃어가고 있다. 이는 모옌이 지적한 문화적 단절의 한국적 버전이라고 할 수 있다. BTS의 음악이 전 세계인을 감동시키지만, 정작 한국 젊은이들은 전통 음악에 대해서는 무관심하다. K-드라마가 세계적 인기를 끌지만, 전통 연희나 탈춤은 박물관에서나 볼 수 있는 구경거리가 되었다. 그런데 모옌의 관점에서 보면, 이런 단절은 장기적으로 창조적 에너지의 고갈을 가져올 수 있다. 『붉은 수수밭』에서 가오미현의 강인한 생명력은 깊이 뿌리내린 전통문화에서 나온다. 전통이 현재와 단절될 때, 문화는 표면적 유행에 그칠 위험이 있다.

다행히 희망적인 신호들도 보인다. 최근 젊은 세대 사이에서 한복에 대한 관심이 다시 늘어나고 있다. 이들은 전통 한복의 원형을 고수하기보다는 현대적 감각으로 재해석한 '생활한복', '개량한복' 등을 통해 한복을 일상복의 일부로 받아들이고 있다. 이는 모옌이 추구했던 '창조적 계승'의 구체적 사례로 볼 수 있다. 또한 젊은 세대는 SNS, 유튜브, 틱톡 등을 통해 전통문화를 새로운 방식으로 소통하고 있다. 전통 요리를 현대적으로 재해석하거나, 전통 춤을 현대 음악과 결합하는 등의 시도들이 전통이 박물관을 벗어나 일상으로 들어오는 과정을 보여준다.

하지만 동시에 이러한 변화에 대한 기성세대의 우려도 존재한다. '원형 훼손'이라는 비판이 그것이다. 이는 『붉은 수수밭』에서 모옌이 다룬 전통과 현대 사이의 긴장과 정확히 일치하는 문제다. 모옌은 이런 갈등을 해결하는 방법으로 세대 간 소통을 제시했다. 작품에서 할아버지 세대의 경험과 젊은 세대의 새로운 감각이 만나는 지점에서 전통은 새로운 생명력을 얻는다. 마찬가지로 한국의 전통문화도 기성세대의 경험과 젊은 세대의 새로운 감각이 만나는 지점에서 새로운 활력을 찾을 수 있다.

모옌의 작품에서 전통문화 교육은 강압적 주입이 아니라 자연스러운 체험을 통해 이뤄진다. 가오미현 사람들은 양조법을 배우기 위해 책을 읽지 않는다. 그들은 일상생활 속에서 자연스럽게 그 기법을 익히고, 필요에 따라 개선해나간다. 이는 현재 한국의 전통문화 교육에 중요한 시사점을 제공한다. 현재의 전통문화 교육은 대부분 일방적 지식 전달에 그치고 있지만, 모옌이 보여준 것처럼 진정한 문화 교육은 학습자가 직접 체험하고 느낄 수 있는 방향으로 이뤄져야 한다. 특히 학교 교육에서 전통문화를 다룰 때는 단순한 역사적 지식이 아니라, 그것이 현재 우리 삶과 어떤 연관성을 갖는지를 함께 탐구해야 한다.

결론적으로, 모옌의 『붉은 수수밭』이 우리에게 주는 가장 중요한 메시지는 전통문화가 과거의 향수가 아니라 현재의 삶이어야 한다는 것이다. 한복 입기의 무형문화재 지정은 의미 있는 출발점이지만, 진정한 목표는 그것이 우리 일상 속에서 자연스럽게 스며드는 것이어야 한다. 전통은 지켜야 할 유산이 아니라 창조해야 할 미래다. K-문화의 세계적 성공이 보여주듯, 한국은 충분한 문화적 창조력을 가지고 있다. 이제 필요한 것은 이런 창조력의 뿌리가 되는 전통문화를 현재적 방식으로 계승하고 발전시키는 것이다. 모옌이 붉은 수수밭에서 꿈꾸었던 '살아있는 전통'의 이상이 한국 사회에서도 실현될 수 있기를 기대한다.

위화(余华): 『인생(活着)』

1. 『인생』: 작가 소개와 주요 스토리

▶ 작가 소개

위화(余华, 1960~)는 중국 당대문학을 대표하는 소설가로, 개인의 삶을 통해 중국 현대사의 격변을 생생하게 그려낸 작가다. 1960년 저장성(浙江省) 항저우(杭州)에서 태어난 그는 원래 치과의사로 일하다가 1980년대부터 본격적인 문학 활동을 시작했다. 이러한 의료계 경험은 후에 그의 작품에서 삶과 죽음에 대한 깊이 있는 성찰로 나타난다.

위화의 작품 세계는 크게 두 시기로 나뉜다. 1980년대 후반부터 1990년대 초반까지는 서구 모더니즘의 영향을 받은 실험적이고 아방가르드적인 작품들을 발표했다. 이 시기의 작품들은 폭력적이고 충격적인 소재를 다루며 기존 문학 관습에 도전했다. 대표작으로는 「십팔세출문원행(十八岁出门远行)」, 「세상사는 연기와 같다(世事如烟)」 등이 있다. 1990년대 중반 이후 위화는 문학적 전환을 맞는다. 실험적 기법에서 벗어나 보다 서민적이고 사실적인 서사 방식을 택하면서, 중국 현대사의 격변 속에서 살아가는 평범한 사람들의 이야기에 집중하기 시작했다. 이 시기의 대표작인 『인생』(1993)은 그의 문학적 성숙을 보여주는 작품으로, 문화대혁명 시기부터 개혁개방에 이르는 격동의 시대를 한 농민의 일생을 통해 그려낸다. 주인공 푸구이(福贵)가 겪는 연이은 비극은 개인의 불행을 넘어 시대의 모순과 부조리를 상징적으로 드러낸다. 『허삼관 매혈기(许三观卖血记)』(1995)는 위화의 또 다른 대표작으로, 가난한 방직공 허삼관(许三观)이 가족을 위해 평생에 걸쳐 자신의 피를 파는 이야기를 통해 중국 서민들의 생존 의지와 가족애를 감동적으로 그려낸다. 이 작품은 혈액이라는 소재를 통해 생명의 소중함과 인간의 존엄성을 탐구한다.

위화 문학의 가장 큰 특징은 극한의 고통과 절망 속에서도 꺾이지 않는 인간의 생명력을 그려내는 것이다. 그의 인물들은 온갖 시련과 불행을 겪지만, 결코 삶을 포기하지 않는 강인한 의지를 보여준다. 이는 중국 민중의 생존력과 낙관주의를 형상화한 것으로 해석된다. 문체적으로 위화는 간결하면서도 힘 있는 서술을 구사한다. 복잡한 수사나 현학적인 표현보다는 평이하고 직접적인 언어로 독자의 마음을 움직인다. 이러한 특징은 그의 작품이 중국뿐만 아니라 세계 각국에서 폭넓은 독자층을 확보하는 데 기여했다.

▶ 『인생』: 주요 스토리

1940년대 중국 농촌, 지주집 아들 푸구이는 도박에 빠져 살고 있다. 매일 밤 도박판에서 돈을 잃어가며 아내 자전(家珍)과 딸 펑샤(凤霞), 아들 요우칭(有庆)이 있는 집으로 돌아온다. 자전은 임신한 몸으로 남편의 도박을 만류하지만 푸구이는 듣지 않는다. 결국 푸구이는 도박으로 집과 토지를 모두 잃고 만다. 분노한 아버지는 푸구이를 꾸짖다가 담벼락에 머리를 부딪혀 죽는다.

하루아침에 거지가 된 푸구이 가족은 낡은 오두막집으로 이사한다. 자전은 둘째 아들을 낳는다. 푸구이는 손수레를 끌며 닭을 키우면서 근근이 살아간다. 그는 '푸구이'라는 이름의 늙은 황소를 사서 농사를 짓기 시작한다. 그러나 국공내전이 터지자 푸구이는 국민당군에 강제로 끌려간다. 전쟁터에서 죽을 고비를 여러 번 넘기며, 같은 부대원들이 하나둘 죽어나간다. 푸구이는 기적적으로 살아남아 공산군에 포로로

잡혔다가 결국 집으로 돌아온다. 집에 돌아와보니 딸 펑샤는 병으로 벙어리가 되어 있었다.

토지개혁 시기가 되자 푸구이의 옛 재산을 차지했던 룽얼(龙二)은 지주로 몰려 총살당한다. 푸구이는 자신이 가난해진 덕분에 목숨을 구했다는 사실을 깨닫는다. 대약진운동이 시작되면서 마을 사람들은 뒷마당에서 철강을 만들어야 했고, 푸구이는 아끼던 황소 푸구이를 인민공사에 바친다. 이때 아들 요우칭은 류 현장의 아내를 위해 헌혈을 하다가 피를 너무 많이 뽑혀 과다출혈로 죽는다. 병원 사람들은 현장 부인의 목숨을 구해야 한다며 요우칭의 피를 한없이 뽑았고, 결국 요우칭은 죽고 만다.

몇 년 후 딸 펑샤가 마을의 정직한 청년 얼시(二喜)와 결혼한다. 얼시는 팔다리가 멀쩡하지만 머리가 약간 기울어진 장애를 안고 있으며, 말주변은 없지만 심성이 바르고 속이 깊은 사람이다. 펑샤는 아이를 낳다가 과다출혈로 죽는다. 병원에 의사가 없어서 제대로 된 치료를 받지 못한 것이다. 펑샤가 낳은 아들의 이름은 쿠건(苦根)이다. 이어서 아내 자전이 구루병으로 죽는다. 푸구이는 사위 얼시, 외손자 쿠건과 함께 살아가지만, 얼시마저 건설현장에서 일하다가 시멘트 판 사이에 끼어 죽는다. 이제 푸구이에게는 일곱 살 외손자 쿠건만 남는다.

푸구이는 쿠건을 극진히 사랑하며 키운다. 그러나 어느 날 쿠건이 콩을 너무 많이 먹고 질식한다. 푸구이가 등에 업고 병원으로 달려가지만 쿠건은 죽고 만다. 가난해서 평소에 제대로 먹지 못하던 쿠건이 콩을 보고 참지 못했던 것이다. 이제 혼자 남은 푸구이는 늙은 황소 한 마리와 함께 살아간다. 그 황소의 이름도 '푸구이'다. 푸구이는 황소에게 죽은 가족들의 이름을 하나씩 불러주며 이야기한다. "푸구이야, 오늘도 열심히 일했구나. 자전도, 요우칭도, 펑샤도, 얼시도, 쿠건도 모두 열심히 살았단다." 푸구이는 황소와 함께 밭을 갈며 하루하루를 살아간다. 죽음이 삶을 모두 가져갔지만, 푸구이는 여전히 살아있다.

2. 『인생』: 작품 분석

1) 중국 현대문학사에서의 위치와 문학사적 의의

위화의 『인생』은 1990년대 중국 문학의 새로운 전환점을 보여주는 기념비적 작품이다. 이 작품은 1980년대 실험적 선봉 문학에서 벗어나 현실에 기반한 서사로 회귀하는 중국 문학의 중요한 변화를 대표한다. 『인생』은 개인의 미시적 경험을 통해 중국 현대사의 거시적 변화를 포착함으로써, 문학이 역사와 현실에 개입하는 새로운 방식을 제시했다.

이러한 문학사적 변화의 핵심에는 위화의 독창적인 서사 기법이 자리하고 있다. 위화는 『인생』에서 전통적인 선형 서사를 채택하면서도, 반복과 순환의 구조를 통해 운명의 비극성을 강화한다. 푸구이가 겪는 연속적인 상실은 단순한 불행의 나열이 아니라, 중국 현대사의 비극적 구조를 상징적으로 형상화한 것이다. 특히 '살아있음' 자체를 서사의 동력으로 삼는 독특한 구조는 기존 문학의 갈등 해결 중심 서사와 차별화된다. 이는 결말이나 구원을 향한 서사가 아니라, 순간순간의 생존 의지가 이야기를 끌어가는 새로운 형태의 서사 실험이라 할 수 있다.

더 나아가 『인생』은 기존의 거대 서사 중심 역사 인식에서 벗어나 개인의 체험을 통한 역사 재구성을 시도한다. 문화대혁명, 대약진운동 등 중국 현대사의 주요 사건들을 국가나 이데올로기의 관점이 아닌 한 농민의 생존 체험으로 재해석함으로써, 공식 역사의 이면에 숨겨진 민중의 고통을 드러낸다. 이러한 관점의 전환은 단순히 문학적 기법의 문제를 넘어서, 역사를 바라보는 인식론적 혁신을 의미한다. 푸구이의 개인사는 곧 중국 근현대사의 축소판이 되며, 거대한 역사적 변동 속에서도 끈질기게 살아남는 개인의 의지가 역사의 진정한 동력임을 보여준다. 이를 통해 위화는 문학이 공식적 역사 서술과 구별되는 고유한 역사 인식의 방법을 가지고 있음을 증명했으며, 이후 중국 문학뿐만 아니라 세계 문학에서 개인사와 역사의 관계를 다루는 새로운 패러다임을 제시했다.

2) 주요 분석점

▶ **생존주의적 세계관**
㉠ **생명력의 원시성:** 푸구이의 삶은 모든 합리적 설명을 거부하는 원시적 생명력의 발현이다. 그는 왜 살아야 하는지에 대한 철학적 근거를 제시하지 않고, 단지 살아간다. 이러한 생존 의지는 중국 농민의 강인한 생명력을 상징하는 동시에, 극한 상황에서 드러나는 인간 존재의 본질적 속성을 보여준다.

㉡ **고난의 수용과 초월:** 작품에서 고난은 극복해야 할 대상이 아니라 받아들여야 할 삶의 조건으로 제시된다. 푸구이는 불평하거나 저항하기보다는 묵묵히 견뎌낸다. 이는 동양적 숙명론의 표현이면서 동시에 극한 상황에서의 실용적 생존 전략이기도 하다.

▶ **역사적 알레고리 구조**
㉠ **개인사와 국가사의 중첩:** 푸구이의 생애는 중국 현대사의 주요 국면

과 정확히 일치한다. 그의 몰락은 구체제의 붕괴와, 군대 경험은 국공내전과, 가족의 죽음들은 각각 사회주의 건설 과정의 희생과 연결된다. 이러한 구조를 통해 개인의 비극이 시대의 비극임을 암시한다.

ⓒ **아이러니의 정치학:** 푸구이가 가난해져서 목숨을 구한 것은 강력한 역사적 아이러니다. 이는 중국 현대사에서 계급 투쟁의 논리가 얼마나 자의적이고 폭력적이었는지를 보여준다. 우연과 필연이 뒤섞인 운명의 구조를 통해 역사의 부조리를 날카롭게 비판한다.

▶ **언어와 문체의 특징**

㉠ **절제된 서술의 미학:** 위화는 극도로 절제된 언어로 극한의 감정을 표현한다. 가족의 죽음을 다룰 때도 과도한 감정 표현을 피하고 담담한 서술을 유지한다. 이러한 절제는 오히려 더 큰 감동을 불러일으키며, 독자로 하여금 능동적으로 감정을 채워넣게 만든다.

ⓒ **구어체의 활용:** 작품 전체가 푸구이의 일인칭 회고 형식으로 구성되어 있어, 중국 농민의 구어체가 자연스럽게 녹아있다. 이는 작품에 생생한 현실감을 부여하는 동시에, 지식인 중심의 문학 언어에서 벗어난 민중 문학의 성격을 강화한다.

3. 『인생』이 현대 한국사회에 던지는 메시지: 생존의 의미를 중심으로

위화의 『인생』이 중국 농촌을 배경으로 하고 있음에도 불구하고 현재 한국사회에서 지속적으로 회자되고 있는 것은, 작품이 담고 있는 '살아있음'의 본질적 의미가 현재 한국 청년 세대가 직면한 실존적 위기와 깊은 연관성을 갖기 때문이다. 특히 성취와 성공으로만 개인의 가치를 평가하는 현대사회에서 푸구이의 생존주의는 전혀 다른 삶의 관점을 제시한다.

1) 성공 신화의 붕괴와 존재 자체의 가치

현재 한국 사회는 세계에서 가장 치열한 경쟁사회 중 하나다. 통계청 자료에 따르면 2023년 한국의 15-29세 청년 고용률은 46.0%로 여전히 낮은 수준에 머물러 있으며[22], 이들이 경험하는 심리적 절망감은 '헬조선', '포기세대(N포세대)', '탈조선' 등의 신조어로 표출되고 있다. 이러한 현실에서 젊은 세대는 과도한 경쟁 압박과 성취 강요에 시달리며, 성공하지 못하면 마치 존재 가치가 없는 것처럼 여겨지는 사회적 분위기에 노출되어 있다. 그런데 푸구이의 삶은 이런 사회의 논리를 근본적으로 뒤집는다. 그는 연속적인 상실을 겪으면서도 끝까지 살아간다. 여기서 중요한 것은 그의 생존 의지가 어떤 철학적 근거나 미래에 대한 희망에 기반하지 않는다는 점이다.

---

[22] 통계청. 보도자료, 「2024년 12월 및 연간 고용동향」, 2025.01.15. file:///Users/gimseung-won/Downloads/ssec2412(%ED%86%B5%ED%95%A9).pdf.

"사는 게 힘들어도 죽는 것보다는 좋다."

푸구이의 이런 생각은 단순해 보이지만, 실은 현대사회가 강요하는 성공 중심적 가치관에 대한 가장 강력한 반박이다. 그는 도박으로 전 재산을 잃고, 가족을 모두 떠나보내고, 마지막에는 혼자 남아 늙은 황소와 함께 밭을 가는 상황에서도 살아있다는 것 자체를 충분한 이유로 받아들인다.

2) 경쟁사회의 피로와 일상의 재발견

푸구이의 생존주의가 현재 한국 사회에 주는 통찰은 단순한 체념이나 순응이 아니다. 오히려 그것은 적극적 선택의 결과다. 그는 죽음을 택할 수도 있었지만 삶을 선택했고, 절망할 수도 있었지만 오늘을 살기로 했다. 이러한 선택의 배경에는 삶에 대한 근본적 신뢰가 있다.

교육부 통계에 따르면 2023년 대학 취학률은 76.2%에 달하며, 이는 대학 교육이 사실상 필수가 된 현실을 보여준다.[23] 하지만 이러한 높은 교육열과 무한 경쟁은 역설적으로 행복도 하락으로 이어지고 있다. 청년들은 끝없는 스펙 쌓기와 취업 준비에 지쳐있으며, 정작 자신이 무엇을 원하는지 모르는 상태에 빠져있다. 이런 상황에서 푸구이가 황소에게 죽은 가족들의 이름을 불러주며 느끼는 소박한 만족감은 우리가 잃어버린 삶의 본질을 보여준다. 그의 일상은 거창하지 않다. 밭을 갈고, 황소와 대화하고, 해가 지면 잠자리에 든다. 하지만 이 단순한 반복 속에서 그는 진정한 평안을 찾는다. 이는 화려한 성취나 물질적 풍요가

---

23) 한국리서치, 「[2023 교육인식조사] 대학 진학 및 학력에 대한 인식」, 2023.11.14.

아닌 존재 자체의 충만함에서 나오는 만족이다.

3) 철학적 전환과 현실적 적용

최근 한국 사회에서 '소확행(소소하지만 확실한 행복)' 문화나 '미니멀 라이프' 운동이 확산되고 있는 것도 이러한 맥락에서 이해할 수 있다. 젊은 세대를 중심으로 거대한 성공보다는 일상의 작은 행복을 추구하는 경향이 나타나고 있다. 하지만 푸구이의 생존주의는 이런 트렌드와는 차원이 다르다.

'소확행'이 여전히 행복 추구라는 목적지향적 사고에 기반한다면, 푸구이의 삶은 목적 자체를 묻지 않는다. 그는 행복하기 위해서도, 의미를 찾기 위해서도 살지 않는다. 그저 살아있다는 것 자체가 그에게는 완전하다. 이는 목적과 수단, 원인과 결과의 논리를 넘어선 존재론적 전환을 의미한다. '미니멀 라이프'가 의식적인 선택과 절제를 통한 라이프스타일이라면, 푸구이의 단순함은 상실의 결과로 남은 필연적 현실이다. 하지만 그는 이 현실을 받아들일 뿐만 아니라 그 안에서 충족감을 발견한다. 이는 외부 조건의 변화를 통해 만족을 추구하는 것이 아니라, 현재 조건 안에서의 완전한 수용이라는 점에서 근본적으로 다르다.

물론 푸구이의 생존주의를 현재 한국 청년들의 상황에 직접 적용하기에는 역사적, 문화적 차이가 존재한다. 중국 농촌의 가난과 한국 도시의 경쟁 사회는 서로 다른 맥락이다. 하지만 두 상황이 공유하는 본질적 요소가 있다면, 그것은 개인이 통제할 수 없는 거대한 힘 앞에서의 무력감이다. 푸구이가 문화대혁명이나 대약진운동 같은 역사적 격변을 개인의 힘으로 막을 수 없었듯이, 현재 한국 청년들도 구조적 불평등이나 경제적 불안정을 개인적 노력만으로는 해결할 수 없다.

이런 상황에서 푸구이가 보여주는 태도는 중요한 시사점을 제공한다. 그는 바꿀 수 없는 것을 받아들이되, 그 안에서 자신이 할 수 있는 최소한의 일상을 성실히 지켜나간다. 이는 체념이 아니라 현실적 지혜다. 모든 것을 통제하려는 욕망에서 벗어나 자신이 할 수 있는 영역에 집중하는 것, 거대한 변화를 기대하기보다는 작은 일상의 연속성을 유지하는 것이 때로는 가장 견고한 생존 전략이 될 수 있다.

결론적으로, 위화의 『인생』이 현대 한국사회에 던지는 메시지는 성취와 성공 중심의 사회에서 존재 자체의 가치를 인정하는 생존주의적 관점이다. 이는 실존적 위기에 빠진 젊은 세대에게 새로운 삶의 태도를 제시한다. 푸구이의 생존주의는 과도한 경쟁과 성장 압박 속에서 지친 현대인들에게 다른 방식의 삶이 가능함을 보여주는 소중한 통찰이다. 특히 '살아있음' 그 자체가 충분한 가치라는 인식은 현재 한국 사회가 직면한 다양한 위기 상황에서 개인이 어떤 태도로 살아가야 할지에 대한 중요한 실마리를 제공한다.

4. 비평적 조명: 포기하지 않는 삶의 힘 - 푸구이가 우리에게 건네는 말

올해 스물여섯 살 김모씨는 지난달 서울 한강교에서 구조되었다. "더 이상 살아갈 이유를 찾을 수 없다"는 것이 그가 남긴 마지막 메시지였다. 명문대를 졸업하고도 취업에 실패한 지 2년째, 그는 자신을 '사회의 낙오자'라고 여겼다. 이런 일이 더 이상 특별한 뉴스가 아니라는 사실이 우리 사회의 현주소를 말해준다.

그런데 한 권의 소설이 이런 절망적 현실에 다른 목소리를 건넨다.

위화의 『인생』 속 주인공 푸구이는 우리보다 훨씬 더 혹독한 시련을 겪었다. 도박으로 전 재산을 잃고, 전쟁에 끌려가고, 아내와 자식들을 차례로 떠나보냈다. 마지막에는 혼자 남아 늙은 황소와 함께 밭을 간다. 그런데도 그는 살아간다. 왜일까? 이는 단순한 생존 본능을 넘어서, 우리가 잃어버린 삶의 근본적 태도에 대한 질문을 던진다.

푸구이에게는 거창한 꿈이 없다. 성공에 대한 열망도, 미래에 대한 기대도 없다. 그저 오늘 하루를 살아내는 것으로 충분하다. 황소에게 죽은 가족들의 이름을 불러주고, 밭을 갈고, 해가 지면 잠자리에 든다. 이 단순한 반복이 그의 전부다. 하지만 이 소박함 속에 우리가 잃어버린 삶의 본질이 있다. 현재 우리 사회는 성공과 실패로만 사람을 판단한다. 좋은 대학, 좋은 직장, 높은 연봉이 없으면 마치 살 가치가 없는 것처럼 취급된다. 청년들은 '스펙'이라는 이름의 갑옷을 두르고 무한 경쟁의 전장으로 내몰린다. 경쟁에서 뒤처지면 'N포세대'라는 꼬리표가 붙고, 사회는 그들을 '의지 박약'이라고 질타한다.

하지만 푸구이의 삶은 이런 사회의 논리를 조용히 뒤집는다. 그는 아무것도 성취하지 못했지만 그래도 살 만한 가치가 있는 사람이다. 아니, 성취와 상관없이 살아있다는 것 자체가 의미 있다는 것을 보여준다. 그의 존재는 우리 사회가 강요하는 '성공 서사'에 대한 가장 강력한 반박이다. 여기서 중요한 것은 푸구이가 절망적 상황에서도 일상의 루틴을 포기하지 않는다는 점이다. 그는 매일 같은 시간에 일어나고, 황소를 돌보고, 밭일을 한다. 이러한 일상의 지속성이야말로 그를 지탱하는 진정한 힘이다. 거창한 목표나 희망이 아니라, 작고 반복적인 일상의 실천이 삶을 이어가게 하는 것이다.

특히 주목할 점은 푸구이가 기억을 통해 죽은 가족들과의 연결을 이어간다는 것이다. 그는 황소에게 아내 찌아전, 아들 요우칭, 딸 펑샤의 이름을 불러주며 그들이 여전히 자신과 함께 있다고 느낀다. "자전, 요칭, 펑샤야, 오늘도 우리 함께 밭을 갈자"라고 말하는 그의 모습은 단순한 그리움이 아니라 적극적인 관계 맺기다. 이러한 푸구이의 행위는 현재 한국 사회의 고립된 개인들에게 중요한 시사점을 제공한다. 많은 젊은이들이 경쟁 사회에서 혼자라는 고립감에 시달리고 있다. 하지만 푸구이는 물리적으로는 혼자지만 정서적으로는 결코 혼자가 아니다. 그는 기억을 통해, 대화를 통해, 일상의 의례를 통해 관계를 유지한다. 이는 현재 한국 청년들이 겪고 있는 관계의 빈곤 문제에 대한 해답을 제시한다. SNS로 연결되어 있지만 정작 깊은 소통은 부족한 현실에서, 푸구이의 방식은 진정한 연결이 무엇인지를 보여준다. 그것은 화려한 소통이 아니라 꾸준한 기억과 지속적인 관심이다.

　물론 푸구이의 삶을 단순히 체념이나 순응으로 해석해서는 안 된다. 그의 생존은 적극적 선택이다. 죽음을 택할 수도 있었지만 그는 삶을 선택했다. 절망할 수도 있었지만 오늘을 살기로 했다. 이것은 용기다. 아무도 알아주지 않는, 보상도 없는 일상을 묵묵히 살아내는 것은 어떤 영웅적 행위보다도 숭고하다. 여기서 중요한 것은 푸구이가 현실을 변화시키려 하지 않으면서도 굴복하지 않는다는 점이다. 그는 잃어버린 것들을 되찾으려 하지 않는다. 대신 남은 것들을 소중히 여긴다. 이는 현재 한국 청년들이 배울 수 있는 중요한 태도다. 바꿀 수 없는 구조적 현실 앞에서 무력감을 느끼기보다는, 자신이 통제할 수 있는 영역에서 최선을 다하는 것이다.

　푸구이의 이야기에서 또 하나 주목할 점은 시간의 치유력에 대한 믿음이다. 그는 젊었을 때 모든 것을 잃었지만 늙어서도 여전히 살아있다. 시간이 모든 상처를 치유해주지는 않지만, 시간과 함께 살아가는 과정에서 삶의 의미는 조금씩 변화한다. 이는 현재 즉시성을 추구하는 한국 사회에 중요한 메시지를 던진다. 청년들은 빠른 성과와 즉각적인 해답을 원하지만, 푸구이의 삶은 지속성의 가치를 보여준다. 오늘 당장 해답이 보이지 않는다고 해서 평생 답이 없는 것은 아니다. 시간이 모든 것을 해결해주지는 않지만, 시간 속에서 우리는 조금씩 달라질 수 있다.

그렇다면 우리는 푸구이에게서 무엇을 배울 수 있을까? 첫째, 삶의 가치는 성취가 아닌 존재 자체에 있다는 것이다. 취업에 실패했다고, 시험에 떨어졌다고, 남들보다 뒤처진다고 해서 자신의 존재 가치가 사라지는 것은 아니다. 둘째, 완벽한 행복을 추구하기보다는 불완전한 현재를 받아들이는 지혜가 필요하다. 푸구이는 모든 것을 잃었지만 오늘 하루의 소소한 일상에서 만족을 찾는다. 셋째, 혼자가 아니라는 것을 기억해야 한다. 푸구이에게는 황소가 있다. 우리에게도 가족이, 친구가, 때로는 길 위에서 마주치는 낯선 이들이 있다. 연결되어 있다는 감각, 누군가 내 이야기를 들어준다는 믿음이 우리를 지탱한다. 넷째, 기억의 힘을 믿어야 한다. 푸구이는 죽은 가족들의 이름을 부르며 그들과의 연결을 이어간다. 우리도 소중했던 순간들, 따뜻했던 기억들을 되새기며 오늘을 버텨낼 힘을 찾을 수 있다. 마지막으로, 시간은 우리 편이라는 것을 잊지 말아야 한다.

최근 한국 사회에서 '워라밸(Work-Life Balance)' 문화가 확산되고 있는 것도 이런 맥락에서 이해할 수 있다. 젊은 세대들이 무한 경쟁에서 벗어나 자신만의 속도로 살아가려는 시도들이 늘어나고 있다. 하지만 푸구이의 관점에서 보면, 진정한 변화는 외부 조건의 개선이 아니라 내적 태도의 전환에서 시작된다. 푸구이처럼 작은 일상의 루틴을 만들고, 소소한 기쁨을 찾고, 누군가와 연결되어 있다는 감각을 놓지 않는 것부터 시작해야 한다.

물론 개인의 의지만으로는 해결되지 않는 구조적 문제들이 있다. 청년 실업, 주거 비용, 사회적 불평등 등은 사회 전체가 함께 풀어가야 할 과제다. 하지만 그 모든 문제가 해결되기를 기다릴 수만은 없다. 지금 여기에서, 오늘 하루를 살아내는 것부터 시작해야 한다. 한강교에서 구조된 김씨는 지금 상담을 받으며 조금씩 회복되고 있다고 한다. 그에게도, 그리고 지금 이 글을 읽는 모든 이들에게도 푸구이의 목소리가 들리기를 바란다. "오늘도 해가 뜨고, 황소와 함께 밭을 갈 수 있어서 다행이다." 이 작은 감사가 우리를 하루 더 살게 하는 힘이 될 것이다. 삶은 견디는 것이 아니라 살아내는 것이다. 푸구이가 그랬듯이, 우리도 그럴 수 있다.

▎류츠신(刘慈欣): 『삼체(三体)』

1. 『삼체』: 작가 소개와 주요 스토리

▶ 작가 소개

류츠신은 현재 중국을 대표하는 과학소설(SF) 작가로, '중국 SF의 아버지'라고 불리며 세계 SF 문학계에서 독보적인 위치를 차지하고 있다. 1963년 6월 23일 베이징에서 태어난 그는 문화대혁명의 혼란 속에서 성장했다. 화베이수리수력원 수리공정학과를 졸업한 후 산시성의 냥쯔관 발전소에서 컴퓨터 엔지니어로 일했다. 2012년까지도 본업인 엔지니어 일을 병행하면서 창작 활동을 이어갔으며, 이러한 이공계 배경은 후에 그의 작품에서 보여지는 탄탄한 과학적 근거와 기술적 상상력의 토대가 되었다.

류츠신은 1999년 단편소설 『고래의 노래(鯨歌)』로 데뷔했다. 같은 해부터 중국의 대표적인 SF 잡지인 『과학환상세계(科幻世界)』에 여러 편의 과학소설과 에세이를 발표하기 시작했다. 1999년부터 2006년까지 8년 연속으로 중국의 대표적인 SF 문학상인 은하상을 9번 수상하는 놀라운 기록을 세웠다. 그의 문학적 성취의 정점은 『삼체』 3부작이다. 첫 번째 작품인 『삼체』는 2006년 5월 중국의 SF 잡지 『과학환상세계』에서 연재를 시작하여 2008년 단행본으로 출간되었다. 이 작품은 문화대혁명 시기를 배경으로 하여 외계 문명과의 조우를 그린 작품으로, 중국 근현대사의 상처와 우주적 상상력을 절묘하게 결합시켰다. 특히 '암흑 숲 이론'으로 불리는 그의 우주관은 페르미 역설에 대한 새로운 해석을 제시하며 세계 SF계에 큰 충격을 주었다.

2015년 『삼체』가 휴고상을 수상하면서 류츠신은 아시아 작가로서는 최초로 이 권위 있는 SF 문학상을 받게 되었다. 이는 중국 SF 문학이 세계적 수준에 도달했음을 공식적으로 인정받는 역사적 사건이었다. 휴고상 수상 이후 그의 작품들은 다수의 언어로 번역되어 전 세계 독자들에게 읽히고 있으며, 중국 문학의 국제적 위상을 크게 높였다. 류츠신은 "훌륭한 과학소설이란 정신 나간 상상을 뉴스보도처럼 진실되게 쓰는 것"이라고 말한 바 있으며, 실제로 그의 작품에는 중국 근현대사와 관련된 인물들이 등장해서 사실감을 높이는 역할을 한다.

▶ 『삼체』: 주요 스토리

㉠ **1부:** 1960년대 문화대혁명 시기, 천체물리학자 예원제(叶文洁)는 아버지가 홍위병들에게 맞아 죽는 것을 목격한다. 절망한 그녀는 비밀 군사기지인 홍안기지에 배치되어 외계문명 탐사 프로젝트에 참여하게 된다. 예원제는 태양을 증폭기로 활용하여 우주로 메시

지를 발신하는 실험을 진행하다가 삼체성계에서 온 외계인의 신호를 받는다. "경고한다. 대답하지 마라! 대답하는 순간 그곳의 위치가 파악되어 당신들의 세계는 점령당할 것이다"라는 경고였지만, 인류에 절망한 예원제는 지구의 위치를 알려주는 답장을 보낸다. 삼체인들은 즉시 지구 침공을 결정하고 함대를 파견한다.

현재, 나노재료 연구자 왕먀오는 기이한 현상들을 경험한다. 사진 속에 나타나는 카운트다운, 밤하늘에서 깜빡이는 우주 배경복사 등이다. 그는 삼체라는 가상현실 게임에 접속하여 삼체 문명의 실상을 알게 된다. 삼체성계는 세 개의 태양 때문에 극도로 불안정한 환경이며, 삼체인들은 수백 번의 문명 흥망성쇠를 겪으며 살아왔다. 삼체인들은 지구에 도착하기까지 450년이 걸리지만, 그들의 첨단 기술인 '지자'를 먼저 보냈다. 지자는 양성자를 고차원으로 전개하여 지능을 가진 입자로 만든 것으로, 광속으로 이동하며 지구의 모든 입자 가속기 실험을 방해해 인류의 물리학 발전을 봉쇄했다.

ⓛ **2부**: 삼체 위기 발생 후, 유엔은 '면벽자 계획'을 시행한다. 지자가 인간의 머릿속은 읽지 못한다는 사실에 착안하여, 네 명의 면벽자가 각자 비밀 계획을 세우게 된다. 그중 마지막 남은 중국인 과학자 뤄지는 세계적인 권력자나 유명한 학자였던 다른 면벽자들과 달리 일반인에 가까운 인물이었다. 뤄지는 예원제와의 대화에서 얻은 실마리를 바탕으로 '우주사회학'을 통해 우주의 진실을 깨닫는다.

우주는 '암흑의 숲'과 같다. 모든 문명은 숨어있는 사냥꾼이며, 다른 문명을 발견하면 자신의 생존을 위해 반드시 그들을 제거해야 한다는 것이 뤄지가 발견한 우주의 법칙이다. 뤄지는 시험 삼아 임의의 항성계 좌표를 우주로 방송하고, 몇 년 후 그 항성계가 완전히 증발해버리는 것을 확인한다. 이 '암흑숲 이론'을 무기로 삼아 뤄지는 삼체성계와 지구의 위치를 동시에 우주로 방송하겠다고 위협한다. 삼체인들은 공포에 질려 지구 침공을 포기하고 함대를 돌려 보낸다.

ⓒ **3부**: 200년이 지난 후, 인류는 삼체인들과 평화협정을 맺고 살아가고 있다. 하지만 뤄지가 늙어가면서 새로운 '검잡이'로 청신이 선출된다. 청신은 뤄지와 달리 온건한 성격으로, 삼체인들이 이를 기회로 삼아 지구를 공격한다. 하지만 우주 어딘가에서 삼체의 좌표가 공개되자 삼체인들은 즉시 지구에서 철수한다. 곧 '가수 문명'이라는 고차원 문명이 태양계를 발견한다. 이들은 '차원 타격'이라는 무기로 태양계 전체를 3차원에서 2차원으로 압축시켜 버린다. 지구와 태양계의 모든 행성들이 2차원 평면으로 붕괴되면서 인류는 대부분 멸망한다. 청신과 윈톈밍은 우주선을 타고 도망쳤지만, 우주 전체가 고차원에서 저차원으로 붕괴되는 '차원 하강'이 진행되고 있다. 결국 우주는 죽어가는 상태에 이르게 되며, 인류는 무한한 우주의 법칙 앞에서 유한한 존재로서의 운명을 마주하게 된다.

2. 『삼체』: 작품 분석

1) 문학적 의의

▶ 과학적 상상력과 철학적 사유의 결합

류츠신은 『삼체』 3부작에서 물리학, 천문학, 수학의 최첨단 이론들을 소설에 정교하게 결합시켜 하드 SF의 새로운 표준을 제시했다. 특히 다차원 물리학, 우주론, 게임 이론 등을 바탕으로 한 '암흑숲 이론'은 페르미 역설에 대한 독창적 해석으로 SF 이론사에 새로운 패러다임을 제공했다. 이러한 과학적 정교함은 단순한 기술적 성취에 그치지 않고, 작품 전체를 관통하는 거시적 문명론으로 확장된다.

작품은 개인의 이야기에서 출발하여 인류 문명 전체, 나아가 우주 문명 전반을 아우르는 거시적 스케일을 구현했다. 이는 기존 SF가 주로 개인이나 특정 집단의 모험담에 집중했던 것과 차별화되는 지점이다. 류츠신은 문명 간의 충돌과 공존, 기술 발전의 양면성, 우주적 관점에서의 인간 존재의 의미 등을 체계적으로 탐구함으로써 SF를 단순한 과학적 상상력을 넘어 철학적 사유의 영역까지 확장된 성취로 격상시켰다. 암흑숲 이론에서 보여지는 것처럼, 과학적 논리가 곧 존재론적 성찰이 되고, 우주 물리학이 문명 철학이 되는 독특한 서사적 성취를 이뤄낸 것이다.

▶ 중국 문학의 새로운 지평

『삼체』 3부작은 중국 SF 문학이 서구 중심의 장르 문학에 처음으로 당당히 진입한 기념비적 작품이다. 2015년 휴고상 수상은 단순한 개인적 성취를 넘어 중국 문학의 새로운 가능성을 전 세계에 알린 사건이었다. 이 작품은 SF가 더 이상 서구의 전유물이 아니며, 동양적 사고와 중국적 경험이 보편적 SF 서사로 승화될 수 있음을 증명했다. 특히 문화대혁명이라는 중국 특유의 역사적 경험을 우주적 서사의 출발점으로 삼은 것은 중국적특수성이 세계문학적 보편성으로 전환될 수 있음을 보여주는 탁월한 사례였다.

더 나아가 『삼체』는 기존 중국 문학사조와는 근본적으로 다른 새로운 문학 영역을 개척했다. 류츠신은 상흔문학의 문제의식, 반성문학의 비판 정신, 신사실주의의 현실 인식 등을 부분적으로 계승하면서도, 이를 SF라는 전혀 새로운 장르적 틀 안에서 우주적 스케일로 확장시켰다. 문화대혁명의 트라우마가 외계 문명과의 접촉이라는 SF적 상상력으로 치환되면서, 과거의 역사적 상처가 미래의 문명론적 성찰로 승화되는 과정을 보여준다. 이는 중국 문학이 전통적인 사실주의 서사를 넘어 과학적 상상력과 철학적 사유가 결합된 새로운 문학적 가능성을 보여준 의미 있는 성과다. 또한 이러한 성취는 중국 문학이 자국의 문화적 특수성에 갇히지 않고 인류 보편의 문제를 다룰 수 있는 새로운 방법론을 제시했다는 점에서 문학사적으로 중요한 의미를 갖는다.

2) 주요 분석점

▶ **역사적 트라우마와 미래적 상상력의 결합**
㉠ **문화대혁명의 상처:** 작품은 예원제의 아버지가 홍위병에게 살해당하는 장면으로 시작한다. 이는 단순한 배경 설정이 아니라 작품 전체를 관통하는 핵심 모티프다. 문화대혁명의 폭력성과 비합리성은 예원제로 하여금 인류 문명 자체에 대한 절망을 갖게 만들고, 이것이 외계 문명에게 지구 침공을 요청하는 극단적 선택으로 이어진

다. 이는 중국 현대사의 집단적 트라우마가 어떻게 개인의 선택을 규정하고, 나아가 인류 전체의 운명에 영향을 미칠 수 있는지를 보여주는 알레고리적 구조다.

ⓒ **역사의 아이러니:** 문화대혁명이라는 인류 이성의 파괴가 역설적으로 우주적 위기의 단초가 된다는 설정은 강력한 역사적 아이러니를 형성한다. 인간의 잔혹함이 외계의 위협을 불러온다는 구조를 통해, 류츠신은 인류 문명의 내재적 모순을 날카롭게 비판한다.

▶ 과학기술에 대한 변증법적 인식

㉠ **기술 유토피아의 해체:** 작품에서 과학기술은 구원의 수단이자 동시에 파멸의 도구로 나타난다. 지자(智子) 기술은 삼체인들의 고도한 과학 문명을 상징하지만, 동시에 인류의 과학 발전을 봉쇄하는 억압 도구가 된다. 이는 과학기술에 대한 단순한 낙관론이나 비관론을 거부하고, 기술과 인간의 복합적 관계를 탐구한다.

ⓒ **과학적 합리성의 한계:** 면벽자 계획은 논리와 합리성만으로는 해결할 수 없는 문제 상황을 설정한다. 인간의 직관과 감정, 때로는 비합리적 선택이 오히려 생존의 열쇠가 된다는 점에서, 과학주의적 사고의 한계를 지적한다.

▶ 우주적 관점에서의 존재론적 성찰

㉠ **인간 중심주의의 해체:** 『삼체』는 인간을 우주의 중심이 아닌 수많은 문명 중 하나로 상대화한다. 암흑숲 이론을 통해 제시되는 우주는 인간적 가치나 도덕이 통용되지 않는 냉혹한 생존 경쟁의 장이다.

이는 인간 중심적 사고에 익숙한 독자들에게 근본적인 인식의 전환을 요구한다.

ⓒ **생존과 도덕의 딜레마:** 뤄지가 암흑숲 신호를 발송하는 행위는 인류의 생존을 위해 다른 문명을 파멸시키는 도덕적 딜레마를 제기한다. 이는 극한 상황에서 생존 본능과 도덕적 가치 사이의 갈등을 탐구하며, 절대적 도덕 기준의 불가능성을 시사한다.

▶ 사랑과 희생의 서사 구조

㉠ **개인적 정서와 우주적 서사의 결합:** 청신과 AA의 사랑 이야기는 거대한 우주적 서사 속에서 인간적 감정의 소중함을 부각시킨다. 특히 작품의 마지막에서 두 사람이 새로운 우주의 탄생을 위해 자신들을 희생하는 장면은, 사랑이 우주적 차원에서도 가장 숭고한 가치임을 보여준다.

ⓒ **희생의 의미:** 작품 전반에 걸쳐 개인의 희생이 전체의 생존으로 이어지는 구조가 반복된다. 이는 개인주의적 서구 문화와 달리 집단주의적 동양 문화의 가치관이 반영된 것으로 해석할 수 있다.

3. 『삼체』가 현대 한국사회에 던지는 메시지: 압축 근대화의 트라우마와 개인의 용기

류츠신의 『삼체』 3부작이 전 세계적으로 주목받는 이유는 단순히 뛰어난 SF적 상상력 때문만이 아니다. 이 작품이 담고 있는 문명론적 통찰과 인간 존재에 대한 성찰은 동아시아 압축 근대화를 경험한 한국사회에 특별한 의미를 갖는다. 특히 작품이 다루는 핵심 주제인 역사적 트라우마가 미래에 미치는 영향과 그 치유의 과정은 현재 한국사회가 직면한 근본적 문제들과 깊이 연결되어 있다.

1) 압축 근대화의 공통 경험과 집단적 상처

『삼체』에서 삼체인들이 지구에 도착하기까지 450년이라는 긴 시간이 걸리지만, 인류는 이 시간 동안 급속도로 발전한다. 이는 한국과 중국이 모두 경험한 '압축 근대화'의 메타포로 읽힐 수 있다. 중국은 개혁개방 이후 40년 만에 세계 2위 경제대국이 되었고, 한국은 1960년대부터 30년 만에 '한강의 기적'을 이뤘다. 하지만 두 나라 모두 이 과정에서 엄청난 사회적 부작용을 겪었다. 중국의 문화대혁명, 한국의 군사독재와 격동의 시대가 그것이다.

『삼체』에서 예원제가 문화대혁명의 상처로 인류에 절망하는 것처럼, 한국사회도 과거의 집단적 트라우마를 안고 있다. 일제강점기, 한국전쟁, 분단, 독재의 경험은 한국사회에 깊은 상처를 남겼다. 두 사회 모두 급속한 발전 과정에서 개인의 희생이 강요되었고, 그 상처가 현재까지 이어지고 있다는 공통점을 보여준다.

이러한 역사적 배경은 현재 한국사회의 구체적 사건들과 직접적으로 연결된다. 2014년 세월호 참사는 예원제가 아버지의 죽음을 목격하고 인류에 절망하는 것과 유사한 집단적 트라우마를 남겼다. 국가와 사회 시스템에 대한 근본적 불신이 생겨났고, 특히 젊은 세대는 "이런 나라에서 아이를 낳고 살아야 하나"라는 절망감을 느꼈다. 2022년 이태원 참사 역시 비슷한 충격을 안겨주었다. 안전한 일상이 순식간에 무너질 수 있다는 공포와 함께, 사회 시스템에 대한 신뢰가 다시 한번 흔들렸다.

2) 회복력과 치유의 가능성

하지만 한국사회는 이러한 위기 상황에서도 놀라운 회복력을 보여왔다. 2016년 촛불집회로 이어진 시민들의 연대는 『삼체』 인류가 450년간 포기하지 않고 생존 방법을 모색한 것과 유사한 회복력을 보여주었다. 평화적이고 질서정연한 시위를 통해 민주주의를 수호해낸 것은 세계적으로도 주목받을 만한 성과였다. 또한 2020년 코로나19 팬데믹 상황에서 한국이 보여준 대응 역시 주목할 만하다. K-방역으로 불린 한국의 방역 시스템은 시민들의 자발적 참여와 정부의 신속한 대응이 결합된 결과였다. 마스크 대란 초기의 혼란을 겪었지만, 이후 마스크 5부제, 사회적 거리두기 등의 정책에 시민들이 적극 협조하면서 위기를 극복해나갔다. 이는 정치적 성향을 떠나 국가적 위기 앞에서 보여준 사회적 결속력의 사례로 평가할 수 있다.

경제 분야에서도 한국은 여러 위기를 딛고 일어선 경험이 있다. 1997년 IMF 외환위기 당시 전 국민이 금 모으기 운동에 참여했던 것, 2008년 글로벌 금융위기를 상대적으로 빠르게 극복한 것 등은 위기 상황에서 발휘되는 한국사회의 저력을 보여준다. 특히 IMF 위기 극복 과정에서는 보수와 진보를 막론하고 모든 정치 세력이 국가적 위기감을 공유하며 협력했다.

3) 트라우마의 건설적 활용

『삼체』는 이러한 역사적 상처를 어떻게 치유하고 미래로 나아갈 것인가에 대한 심층적 통찰을 제공한다. 작품에서 예원제의 절망은 단순히 개인적 상처에 그치지 않는다. 그녀의 트라우마가 삼체 문명과의 접촉으로 이어지고, 이것이 결국 인류 문명 전체의 도약을 위한 계기가 된다. 이는 트라우마 자체를 부정하거나 망각하는 것이 아니라, 그것을 더 나은 미래를 만들어가는 동력으로 전환하는 과정을 보여준다. 중요한 것은 상처의 존재를 인정하되, 그것에 매몰되지 않고 성장의 기회로 활용하는 지혜다.

이러한 관점에서 한국사회를 돌아보면, 과거의 트라우마가 오히려 사회 발전의 원동력이 된 구체적 사례들을 다층적으로 분석할 수 있다. 먼저 역사적 차원에서, 분단의 아픔이 통일에 대한 염원과 평화 통일의 당위성에 대한 사회적 합의로 승화되었다. 한국전쟁의 폐허는 "다시는 이런 가난을 겪지 않겠다"는 의지로 전환되어 한강의 기적을 이끈 원동력이 되었다. 독재의 경험은 민주주의의 소중함을 체득하게 했고, 이는 1987년 6월 항쟁과 이후 평화적 정권 교체의 토대가 되었다.

문화적 차원에서도 마찬가지 현상을 확인할 수 있다. 오랜 기간 서구 문화의 변방에 머물렀던 경험과 일제강점기, 분단 등으로 인한 문화적 정체성의 혼란은 역설적으로 독창적이고 다층적인 문화 콘텐츠를 만들어내는 동력이 되었다. K-pop이 서구 팝과 차별화되는 지점, K-드라마가 전 세계인의 공감을 얻는 지점에는 한국사회가 겪은 압축 근대화의 복잡한 경험이 녹아있다. 전통과 현대, 동양과 서양의 문화가 충돌하고 융합하는 과정에서 나온 독특한 감수성이 오히려 글로벌한 어필을 갖게 된 것이다.

경제적 차원에서도 트라우마의 건설적 활용을 확인할 수 있다. 1997년 IMF 외환위기는 한국경제에 큰 충격을 주었지만, 동시에 경제 구조조정과 기업 지배구조 개선의 계기가 되었다. 위기를 겪으면서 한국 기업들은 글로벌 스탠다드에 맞는 투명성과 효율성을 추구하게 되었고, 이는 2000년대 이후 삼성, LG 등 한국 기업의 세계적 성공을 뒷받침했다. 또한 IMF 위기 과정에서 형성된 '위기 극복 DNA'는 2008년 글로벌 금융위기나 2020년 코로나19 위기 상황에서 다른 나라들보다 상대적으로 신속하고 효과적인 대응을 가능하게 했다.

사회적 차원에서는 최근의 트라우마들도 건설적 변화로 이어지고 있다. 세월호 참사는 깊은 사회적 상처를 남겼지만, 동시에 안전에 대한 사회적 관심을 근본적으로 변화시켰다. 재난 대응 시스템의 전면적 개편, 시민 안전 의식의 향상, 정부 정책 결정 과정에서 안전 우선 원칙의 확립 등이 그 결과다. 이태원 참사 이후에도 대형 행사 안전 관리 체계가 전면 재검토되고 있다. 이러한 변화들은 고통스러운 대가를 치르고 얻은 것이지만, 궁극적으로는 더 안전한 사회를 만들어가는 밑거름이 되고 있다.

기술적 차원에서도 한국의 트라우마 경험이 혁신의 동력이 되었다. 분단 상황에서 오는 안보 불안은 첨단 방위산업 기술 개발을 촉진했고, 이는 민간 기술로 전환되어 IT, 조선, 자동차 등 다양한 분야의 경쟁력 향상에 기여했다. 자원 부족의 경험은 효율성과 절약 정신을 내재화시켰고, 이는 에너지 효율 기술이나 친환경 기술 개발의 동기가 되었다.

하지만 트라우마의 건설적 활용이 자동적으로 이뤄지는 것은 아니다.

『삼체』에서도 보듯이, 상처를 성장의 기회로 전환하려면 의식적이고 체계적인 노력이 필요하다. 첫째, 기억과 성찰의 과정이 필요하다. 과거의 경험을 정확히 기록하고 분석하여 교훈을 도출해야 한다. 둘째, 사회적 합의 형성이 중요하다. 트라우마를 개인이나 특정 집단의 문제가 아닌 사회 전체의 과제로 인식하고 함께 해결해나가야 한다. 셋째,

제도적 개선이 뒷받침되어야 한다. 상처의 원인이 된 구조적 문제들을 개선하여 재발을 방지하고, 더 나은 시스템을 구축해야 한다. 넷째, 미래 지향적 관점을 유지해야 한다. 과거에 매몰되지 않고 그 경험을 바탕으로 더 나은 미래를 설계하는 전향적 자세가 필요하다.

결론적으로 『삼체』가 제시하는 통찰은 현재 한국사회가 직면한 역사적 트라우마에 대한 새로운 관점을 제공한다. 과거의 상처를 인정하면서도 미래에 대한 희망을 잃지 않는 것, 개별적 사건들을 사회 발전의 계기로 승화시키는 것이 중요하다. 『삼체』의 인류가 450년이라는 긴 시간 동안 포기하지 않고 생존의 길을 찾아나간 것처럼, 한국사회도 현재의 어려움을 극복하고 더 나은 미래를 만들어갈 수 있는 지혜와 용기를 찾아야 할 때이다.

4. 비평적 조명: 우리에게도 '면벽자'가 필요하다

한국 기업들이 혁신을 외치면서도 정작 혁신적 아이디어가 나오면 "너무 급진적"이라며 퇴짜를 놓는 일이 반복되고 있다. 결국 그 아이디어들은 해외 경쟁사가 먼저 실행에 옮겨 성공을 거두는 경우가 많다. 류츠신의 SF소설 『삼체』에 등장하는 '면벽자'의 개념이 지금 한국 사회에 절실한 이유가 여기에 있다. 이는 단순히 기업 경영의 문제를 넘어서, 집단주의 문화 속에서 개인의 창의성과 용기가 어떻게 발휘되어야 하는가에 대한 근본적 질문을 던진다.

『삼체』에서 면벽자들은 외계인의 감시하에서도 오직 자신의 생각 속에서만 진짜 계획을 세우는 사람들이다. 특히 주인공 뤄지는 수십 년간 홀로 '암흑숲 위협'이라는 극단적 전략을 준비하며 인류의 생존을 책임진다. 대중의 지지도 받지 못했고, 동료들의 이해도 얻지 못했지만, 결국 그의 독단적 결정이 인류를 구원한다. 이는 집단의 합의나 다수의 지지가 항상 최선의 해답을 보장하지는 않는다는 것을 보여주는 상징적 사례다. 면벽자의 핵심은 외부의 압력이나 시선에 흔들리지 않고 자신의 신념을 관철시키는 의지에 있다.

현재 한국 사회를 돌아보면 이런 '면벽자' 기질을 가진 인물이 얼마나 부족한지 실감난다. 우리 사회는 합의와 조화를 중시하는 문화다. 이는 분명 장점이 있다. 사회적 갈등을 최소화하고 안정성을 유지하는 데 기여한다. 하지만 때로는 이런 문화가 혁신의 발목을 잡는다. 새로운 아이디어를 내놓으면 "검증되지 않았다", "위험하다", "시기상조다"라는 반응이 먼저 나온다. 결국 가장 안전하고 평범한 방안만 채택되고, 진정한 돌파구는 찾지 못한다. 이러한 현상은 교육 현장에서부터 시작된다. 어릴 때부터 "튀지 마라", "남들과 똑같이 해라"는 교육을 받으며 자란다. 창의적 사고보다는 정답 맞추기에 익숙해지고, 남과 다른 생각을 하는 것 자체를 불안해한다.

그럼에도 불구하고 한국 역사상 '면벽자' 같은 인물들이 사회 변화를 이끈 사례들이 있다. 삼성의 이건희 회장이 1993년 "마누라와 자식 빼고 다 바꿔라"고 했을 때도 많은 사람들이 "너무 과격하다"고 했다. 하지만 그 변화가 없었다면 지금의 삼성은 존재하지 않을 것이다. 당시 이 회장의 결정은 사내외의 격렬한 반대에 부딪혔다. 하지만 그는 자신의 신념을 관철시켰고, 결과적으로 삼성을 세계적 기업으로 도약시켰다. 이는 면벽자적 리더십이 조직과 사회에 미칠 수 있는 긍정적 영향을 보여주는 대표적 사례다.

문화 분야에서도 마찬가지다. BTS의 세계적 성공 역시 면벽자적 선택의 결과다. 그들은 기존 K-pop 공식을 따르지 않고 독창적인 길을 걸었다. 초기에는 대형 기획사 출신이 아니라는 이유로 무시받았고, 그들의 음악 스타일도 '너무 실험적'이라는 비판을 받았다. 하지만 방시혁 프로듀서와 멤버들은 자신들의 방향성을 포기하지 않았다. 결국 이러한 고집스러운 독창성이 한국 문화 전체를 세계에 알리는 역할을 했다. 이는 집단의 합의보다 개인(그룹)의 독창적 선택이 더 큰 결과를 가져온 사례다.

기술 혁신 분야에서도 면벽자의 중요성을 확인할 수 있다. 코로나19 백신 개발 과정에서 화이자와 모더나는 기존 절차를 과감히 단축하고 개발에 돌입했다. 많은 전문가들이 "너무 성급하다", "안전성이 검증되지 않았다"고 우려했지만, 이들 기업의 과감한 결정은 인류 역사상 가장 빠른 백신 개발이라는 결과를 낳았다. 반면 한국은 보다 신중한 접근을 택했고, 결과적으로 백신 개발에서 뒤처지는 결과를 낳았다.

문제는 우리 사회가 이런 '면벽자' 타입의 리더를 키우지도, 용인하지도 않는다는 점이다. 더 심각한 것은 '면벽자' 같은 인물이 나타나면 오히려 그들을 공격한다는 점이다. "독단적이다", "소통이 부족하다"는 비판이 쏟아진다. 물론 민주적 의사소통은 중요하다. 하지만 때로는 소수의 통찰력 있는 판단이 다수의 평범한 의견보다 더 가치 있을 수 있다는 것도 인정해야 한다.

그렇다면 현재 한국 사회에는 어떤 분야에서 '면벽자'가 필요할까? 첫째, 기후변화 대응에서다. "경제성이 떨어진다"며 탄소중립 정책에 반대하는 목소리가 크지만, 누군가는 장기적 관점에서 과감한 결단을 내려야 한다. 현재의 편의보다 미래 세대의 생존을 우선시하는 결정이 필요하다. 둘째, 저출산 문제에서다. 수십 조원을 쏟아부었지만 출산율은 계속 하락하고 있다. 기존 관습을 뒤엎는 파격적 정책 전환이 필요한 시점이다. 셋째, 교육 혁신에서다. 여전히 암기 위주, 입시 위주 교육에 매달리고 있다. 4차 산업혁명 시대에 맞는 창의적 인재를 길러내려면 교육 시스템의 근본적 변화가 불가피하다. 넷째, 경제 구조 개편에서다. 여전히 제조업 중심, 대기업 중심의 경제 구조에 안주하고 있다. 디지털 전환과 서비스업 혁신을 위한 과감한 구조 개혁이 필요하다.

물론 '면벽자'가 항상 옳은 것은 아니다. 『삼체』에서도 네 명의 면벽자 중 세 명은 실패한다. 개인의 독단적 판단이 잘못된 결과를 가져올 위험도 분명히 존재한다. 하지만 그렇다고 해서 모든 것을 집단 지성에만 맡길 수는 없다. 중요한 것은 균형이다. 평상시에는 민주적 의사결정을 존중하되, 위기 상황이나 혁신이 필요한 순간에는 '면벽자'의 결단을 용인하는 사회적 분위기가 필요하다.

이를 위해서는 사회 문화의 근본적 변화가 필요하다. 먼저 실패를 용인하는 문화가 자리잡아야 한다. 새로운 시도를 했다가 실패하면 "그래도 도전해봤다"고 격려하는 분위기가 조성되어야 한다. 현재처럼 실패를 개인의 무능이나 부도덕의 증거로 여기는 문화에서는 누구도 위험을 감수하려 하지 않는다. 둘째, 소수 의견을 존중하는 문화가 필요하다. 다수와 다른 생각을 해도 '이상한 사람'으로 낙인찍지 않는 관용이 요구된다. 다양성과 창의성은 서로 다른 생각이 충돌하고 경쟁하는 과정에서 나온다. 셋째, 장기적 관점을 갖는 사회적 성숙함이 필요하다. 당장의 성과에만 매달리지 말고, 10년, 20년 후를 내다보는 안목이 필요하다. 면벽자들의 계획은 대부분 장기적 관점에서 수립되는 것들이기 때문이다.

결론적으로 한국 사회가 다음 단계로 도약하려면 지금과는 다른 리더십이 필요하다. 여론의 눈치를 보지 않고, 비판을 두려워하지 않으며, 자신의 신념을 밀어붙이는 '면벽자' 같은 리더 말이다. 그들이 항상 옳지는 않을 것이다. 하지만 그들이 있어야 우리 사회가 정체에서 벗어나 새로운 길을 찾을 수 있다. 집단주의의 장점인 사회적 안정성과 연대감을 유지하면서도, 개인의 창의성과 도전 정신을 존중하는 균형점을 찾는 것이 현재 한국 사회의 과제다.『삼체』의 면벽자들이 그랬듯이, 때로는 혼자서도 신념을 지켜나가는 용기가 사회 전체를 구원할 수 있다는 것을 잊지 말아야 한다.

|에|필|로|그|

서재에서 거리로

책상 앞에 앉아 문학을 마주할 때 나는 혼란스러웠다. 심지어 거울에 비친 내 모습이 퍽 섭섭해 보였다.

오랫동안 나는 문학을 분석하고 해석하며 동시에 소설에 깊이 몰입하며 읽어왔다. 해리포터가 영화로 나왔을 때도, 중학교 시절 유학 초기, 중국에서 말이 안 통해서 나의 유일한 통로였던 한국소설책이 영화로 나왔을 때도 나는 별로 감흥이 없었다. 내가 생각한 만큼, 내가 상상한 만큼, 영화는 멋져 보이지도 감동스럽지도 않았다. 스스로 책에서 느끼던 나만의 세계가 영상에는 없었다.

나는 이러한 상상을 기반한 문학적 감수성이 나를 특별하게 만든다고 생각했다. 다른 사람들이 현실적 계산에 매몰되어 있을 때, 나는 그들과 다르다고 생각했다. 문학을 읽고 이해하는 나만의 능력, 그리고 그것을 학문으로 깊이 파고드는 것에 대한 자부심이, 아니 더 솔직히 말하면 철 지난 지적 허영심이 나를 더 꼿꼿하게 했다.

그런데 나이가 30대 중반이 되고 보니 많은 것들이 눈에 들어왔다. 문학을 업으로 삼은 나의 삶과 그렇지 않은 주변인들의 삶 속에서 말이다. 물론 공부하는 게 고달프거나 힘들었던 적은 없다. 남들 일하는 만큼 나도 아홉 시에서 저녁 여섯 시까지 매일 9시간을 책상에 앉아서 하면 어느 정도 성과가 나왔으니까. 때로는 밤을 새는 것도 나름 낭만적이었다.

하지만 나를 흔들었던 것은 문학이 주는 불안이었다. 이것을 해서 먹고살 수 있을까? 나는 하고 싶은 것도, 가고 싶은 것도 많은데, 과거 나를 자만하게 했던 문학이 나를 그 길로 데려갈 수 있을까? 눈에 보이지는 않지만 왠지 그러기 힘들 것 같은 문학의 낮은 언덕이 나를 괴롭혔다.

작년 어느 날 친구들 모임에서 받은 질문은 나를 더욱 절망하게 했다. "승원아, 솔직히 문학 같은 건 돈은 안 되잖아. 넌 평생이 마음공부네?" 중국에서 의사가 된 친구가 맥주잔을 내려놓으며 던진 말이었다. 그때 이에 질세라 모 회사의 엔지니어로 일하는 다른 친구가 입에 침 튀기며 거들었다. "차라리 중국어나 가르치지, 왜 문학까지 파? 비즈니스에 도움 되는 것도 아니고."

긁혔다. 그러나 나는 두 눈을 질끈 감고 상관없다고 생각했다. 어차피 인문학을 하는 사람은 드문 게 사실이니까. 또 그들은 나와는 다르게 소위 눈에 보이는 지식만이 '유일신'이라고 믿는 사람들이니까. 그런데 같은 문과라고 생각했던 로스쿨 출신의 변호사 후배가 산불에 모여드는 나방처럼 하얀 이로 검은 말을 씹었다.

"형, 나도 솔직히 문학하는 사람들이 돈 낭비 시간 낭비하는 거라고 봐요. 삶에 실질적으로도 도움이 안 되잖아요. 요즘 TV도 안 보는데 누가 책 읽어요? 유트브도 늘어지면 넘기는데."

제대로 긁혔다. 그 순간 온몸의 구멍이 막히는 기분이 들었다. 뭔가 대답해야 할 것 같은데 입이 열리지 않았다. 그러나 뭐라도 말해야 한다는 생각에 물귀신 같은 마음으로 겨우 내뱉었다. "너도 크게 보면 문학이야. 법전 외워서 먹고사는 거 아냐?" 당연히 후배는 꿈쩍하지 않았다. "우리는 그래도 사회에 실질적으로 도움이 되죠. A급인데요."

"A급?" 그 순간 평소에도 꺼리던 생선회의 비릿함이 그날따라 더 천박하게 느껴졌다. 나는 A급이라는 단어가 거슬렸던 걸까? '입 여는데 돈 안 든다고 그 따위...' 라고 가열차게 쏴붙이고 싶은 나의 성질머리와는 다르게 나는 여전히 뭐라고 대답해야 할지 몰랐다. 이들의 현실적이고 직설적인 질문 앞에서 내 말들이 공허하게 느껴질 게 뻔했다.

점점 가슴이 뜨거워지면서 목소리가 떨리는 게 느껴졌다. 입안이 바싹바싹 말랐다. 엄마가 그토록 싫어하는 나의 특유의 입을 앙다물고 눈을 아래로 내려까는 표정이 주변에 전해진 걸까? 주위가 갑자기 조용해졌다. 다른 친구들도 어색한 침묵 속에서 시선을 피하고 있었다. 그냥 내가 지금 하고 있는 모든 일들이 한순간에 의미 없어 보였다. 나의 인생을 부정당하는 기분. 그동안 잘 버텨왔는데 말이다.

집에 돌아와 현관문을 닫는 순간, 갑자기 숨이 막혔다. 조용한 방 안에 혼자서 있으니 모든 소음이 사라지고 고요함만 남았다. 의자에 털썩

주저앉았다. 그리곤 자연스레 액자에 걸려있는 박사학위증이 눈에 들어왔는데, 왜 그렇게 초라해 보이던지…. 벽에 걸린 형광등 불빛 아래서 그 증서가 퇴색된 종이처럼 보였다. 책상 위에 쌓인 논문들도 그저 종이뭉치 같았다. 내 마음이 더 무거웠던 건 심지어 그들의 말이 틀리지 않았기 때문이다.

그러나 며칠이 지나고 나서 차분히 생각해보니 뭔가 이상했다. 변호사인 후배에게 묻고 싶었다. 판결문을 쓸 때 단순히 법조문만 나열하는가? 결국 '정의롭다', '합리적이다'라는 가치 판단을 내려야 하는데, 그 기준은 어디서 오는가? 바로 인문학적 소양에서 나오는 것 아닌가? 엔지니어 친구도 마찬가지다. 기술을 만들 때 '사용자가 정말 원하는 게 뭔지' 고민하지 않나? 그 답은 메뉴얼에 없다. 인간의 상승의 욕구와 심리를 읽어내는 능력, 그게 문학적 상상력이다. 이런 생각들이 머릿속을 맴돌면서 조금씩 용기가 생겼다.

하지만 뭐든 쉽게 잊지 않는 복잡한 나는 더 예민해졌다. 그 질문이 계속 머릿속을 맴돌았다. 정말 내가 하고 있는 일이 현실과 동떨어진 상아탑의 유희에 불과한 것일까? 그러나 사람에겐 늘 죽으라는 절망은 없는 법. 나를 위해 매일 기도한다는 엄마의 덕분이었을까? 며칠 후 짜증이 잔뜩 난 채로 지하철을 탔다. 출근 시간대라 사람들이 빼곡했는데, 문득 주변을 둘러보니 모두 같은 표정이었다. 스마트폰 화면에 고개를 박고 있거나, 허공을 바라보며 무언가 생각에 잠겨있거나. 어깨가 축 처져있고 눈가에 피로가 걸려있는 사람들.

처음엔 생활의 무게 때문일까 싶었다. 벤츠를 못 타서 그런가 싶었다. 그런데 며칠 뒤 지인이 불러 호텔 레스토랑에서 점심을 먹는데, 정장 차림으로 비즈니스 미팅을 하는 사람들의 얼굴도 지하철에서 본 사람들과 크게 다르지 않았다. 웃고는 있지만 뒤돌아서면 금방이라도 콧방귀를 뀔 것 같은 그 느낌, 어딘가 공허해 보이는 눈빛들. 카페에서 마주친 사람들도 마찬가지였다. 노트북을 두드리며 바쁘게 일하는 모습이지만, 그 표정 어디에서도 진짜 만족감을 찾을 수 없었다. 성공한 것 같은 사람들, 여유로운 사람들도 결국 같은 표정을 하고 있었다. 그때 천천히 깨달았다. '아, 이건 조건의 문제가 아니구나.'

이 책을 집필하는 동안, 나는 계속 이런 비스무리한 질문들과 씨름했다. 그리고 천천히 답을 찾아갔다.

먼저, 문학이 현실과 무관하다는 비판에 대한 답이다. 세상의 모든 학문은 결국 인문학과 이어진다. 의사가 환자를 대할 때 필요한 공감 능력, 법관이 판결을 내릴 때 요구되는 정의로운 가치 판단, 경제인이 사업을 운영하며 추구해야 할 사회적 책임감, 이 모든 것들은 기술적 지식만으로는 해결되지 않는다. 소위 말하는 '좋은'이라는 모호한 개념을 구체화할 수 있는 기준, 바로 이것이 문학적 상상력과 인문학적 소양이다.

더 흥미로운 사실은, 문학의 가치를 비판했던 그 친구들조차 결국 문학과 인문학에서 추구하는 가치를 갈망한다는 점이다. 그들이 아무리 '실질적'이고 '힘 있는' 것을 강조해도, 결국 신뢰받는 의사, 존경받는 변호사, 인정받는 엔지니어가 되고 싶어 한다. 또한 그런 사람들을 주위에 두고 싶어 한다. 이는 무엇을 의미하는가? 그들이 비판하는 바로 그 문학적 가치, 문학이 주는 올바른 상상, 인간에 대한 깊은 이해와 성찰은 모든 전문 영역에서도 필수적이라는 것이다.

결국 문학을 읽는다는 것은 머릿속 유희가 아니라 세상을 더 정확히 읽어내고, 더 현명하게 판단하며, 더 창조적으로 해법을 모색하는 실력을 쌓는 일이다. 나아가 개인적 성찰을 넘어서서, 현재 우리가 직면한 삶의 문제와 사회적 과제에 구체적인 통찰을 제공하는 것이야말로 현대 사회가 문학에 요구하는 본질적 역할이다.

이런 깨달음에 이르기까지, 수많은 만남과 대화가 나를 이끌어왔다. 때로는 날카로운 질문으로 나를 당황하게 했던 친구들조차 결국 나를 더 깊은 사유로 이끄는 자극이 되었다. 이제 글을 마치려고 한다. 마지막으로 이 책이 완성되기까지 함께해주신 신세림 출판사 대표님, 언제나 용기를 북돋워주신 교수님들, 매번 새로운 질문으로 나를 성장시켜 준 학생들에게 진심으로 감사드린다. 또 언제나 묵묵히 내 곁을 지켜준 지인들 역시 이 여정의 소중한 동반자들이었다. 무엇보다 나에게 사랑이 무엇인지 몸소 보여주신 어머니와 아버지, 그리고 인생이라는 긴 텍스트를 함께 써내려가고 있는 여동생에게 이 책을 바친다.

각자가 가진 상상력이 메마른 현실에 스며들기를…
서재의 고민이 거리의 실천으로 이어지기를…
문학의 르네상스가 도래하길 상상하며…
2025년 여름, 대승염 공작실에서 김 승 원

중국 현당대소설 큐레이션
남의 일 같지 않은 이야기들

초판인쇄   2025년 08월 20일   **초판발행**   2025년 08월 25일

지은이   **김승원**
펴낸이   **이혜숙**   펴낸곳   **신세림출판사**
등록일   1991년 12월 24일 제2-1298호

04559 서울특별시 중구 퇴계로49길 14,
　　　충무로엘크루메트로시티2차 1동 720호
전화 02-2264-1972   팩스 02-2264-1973
E-mail : shinselim72@hanmail.net
　　　　shinselim@naver.com

정가 **20,000원**

ISBN 978-89-5800-286-4, 03830